JN132083

技術教育のための
教員養成担当者養成の
史的研究

―東京高等師範学校図画手工専修科の役割と意義―

疋田 祥人

大学教育出版

まえがき

　本書は、私が 2004（平成 16）年 3 月に東京学芸大学から博士（教育学）の学位を授与された時の学位請求論文「戦前日本の手工科担当師範学校教員の養成における東京高等師範学校図画手工専修科の役割と意義」を加筆修正し、2022 年度科学研究費補助金研究成果公開促進費（学術図書）の交付を受けて公刊したものである。公刊に際して表題を改めた。

　近年、日本においては、社会や学校教育、および教員をめぐる状況の変化によって教員の資質・能力の向上が必要とされるとともに、課程認定大学への批判が高まってきたことにより、大学における教員養成のあり方の改善が求められ、様々な改革が試みられている。

　しかしながら、その教員養成を担当する大学教員の養成のあり方については、長期にわたってその改善の必要性が指摘されているけれども、未だ大きな改善策が講じられているとはいえず、制度的および理論的課題が山積している。

　他方で、今日の日本における普通教育としての技術教育は、実質上、中学校の技術科がその唯一の教科になっており、初等教育からの継続した技術教育は行われていない。これは、先進国の多くで初等教育から教科指導として行われている国際的な動向に比して、質・量ともに極めて貧弱なものになっているといわざるをえない。

　そして、こうした問題状況の背景には、技術教育を担う教員の養成の問題がある。今日の小学校図画工作科に関しては、教員養成担当教員や学科システムが、美術の教員養成のためにのみ構成され、小学校教員養成課程では、工作に関する知識・技能がほとんど授けられていない。また、中学校技術科の教員養成は、国立の教育系大学・学部に依存する率が高く、それらの大学・学部も小学校教員養成を軸に再編される傾向で、中学校技術科の教員養成に責任をもつ大学が年々減少している。

　本書は、こうした状況を視野に入れ、その改善の方途を探るべく、戦前日本

において小学校教員の養成を担っていた師範学校で手工科を担当していた教員の養成の営みとその成果を、東京高等師範学校図画手工専修科を主たる研究対象として解明することを試みたものである。

　本書の刊行によって、今後の教員養成を担当する大学教員の養成のあり方を検討するための示唆を大学関係者に提供するとともに、今日の日本の普通教育としての技術教育が質・量ともに極めて貧弱になっているという問題を解決するための知見を中学校技術科関係者ばかりでなく、小学校図画工作科関係者を含めて広く提供することができれば幸いである。

　2022 年 6 月

疋田　祥人

技術教育のための教員養成担当者養成の史的研究
― 東京高等師範学校図画手工専修科の役割と意義 ―

目　次

序　章

課題の設定と研究方法

第1節　問題の所在

1. 問われる教員養成担当者のあり方

　戦後日本における教員養成は、大学における教員養成を原則の1つとしており、この原則は、質の高い教員を養成し、戦後の学校教育の普及・充実および社会の発展等に大きな貢献をしてきたとみられている。

　しかし、近年では、社会や学校教育、および教員をめぐる状況の変化によって教員の資質能力の向上が必要とされるとともに、「教職を志望していない学生が将来の保険として免許状を取得する傾向、大学が安易に単位を与える傾向を促し、教員の資質能力の低下を招いている」[1]といった課程認定大学への批判が高まってきたことにより、大学における教員養成のあり方の改善が求められ、様々な改革が試みられている。

　そして、こうした大学における教員養成の改革が進行する中、その教員養成の担い手である大学教員の資質向上が重要な課題として認識され、教員養成担当者養成のあり方についても改善の必要性が指摘されていることを見過ごすことはできない。

　例えば、1999（平成11）年、教育職員養成審議会は、第三次答申「養成と採用・研修との連携の円滑化について」の中で、大学における教員養成の改善方策の1つとして、自己点検・評価や外部評価の実施、附属学校と連携した実験的・実証的研究、および現職教員と大学教員の交流を通して「大学教員の指導力の向上」を行うこととし、そうした教員養成の実践性を高めるためには、

「教員養成に携わる大学教員の中に、教員養成を主たる目的とする学部の大学院において養成された者が加わること」が重要であるとした[2]。

　また、2001（平成13）年11月、「国立の教員養成系大学学部の在り方に関する懇談会」（文部科学省）は、その報告の中で、大学における「教科専門科目」の担当教員には、「学校現場で教科を教えるための実力を身に付けさせるためにはどうすべきかという、教員養成独自の目的に沿って教科専門の立場から取り組むこと」、「教職専門科目」の担当教員には、「教員養成という立場から学校現場をフィールドとしつつ、子どもたちに目を向けた実践的な教育研究が推進されること」を求め、こうした「教員養成学部にふさわしい教員をどのように確保していくかが重要な課題である」とした[3]。

　さらに、2012（平成24）年8月、中央教育審議会は、「教職生活の全体を通じた教員の資質能力の総合的な向上方策について」（答申）において、「教員養成系大学・学部の教育研究の充実及び教職課程の質の向上を図るためには、これを担う大学教員の養成システムを整備していくことが必要である」とし、教員養成系の博士課程について、「今後、全国の教員養成系の大学院のリソースを結集し、教科と教職を架橋する新たな領域や学習科学の分野など学校現場での実践につながる研究を深め、必要とされる大学教員を養成する体制整備の推進方策について検討」することを求めた。また、教育系の大学院を修了して教員養成担当者になる者については、「教職大学院と連携し、学校現場でのフィールドワークなど実践的な教育研究を経験できる取組を推進する」とした[4]。

　加えて、近年では、2015（平成27）年12月に中央教育審議会が「これからの学校教育を担う教員の資質能力の向上について ― 学び合い、高め合う教員育成コミュニティの構築に向けて」（答申）において、教職課程では「教職に関する実践力の基礎や新たな教育課題に対応できる力を持った教員の養成が求められて」いるため、教職課程の科目を担当する大学教員は、こうした「課題に対応できる力を学生に身に付けさせることができるよう、指導力を高めることが必要である」とし、大学に対して「学校現場体験を含む実践的な内容やこれらの教育課題に対応したFDなどを行うなどの取組」、教育委員会と連携

した「学校現場に携わる教員等を教職大学院をはじめとする大学の教職課程の教員として確保する取組」や「大学と学校現場を交互に経験させるなどの人事上の工夫を行うことにより、理論と実践の両方に強い教員を計画的に育成」することを求めている[5]。

ところが、このように改善の必要性が指摘されている日本における教員養成担当者の養成は、大学における教員養成の改革に比して、制度的にも、理論的にも、著しく遅れており、未だ多くの課題が残っているといわざるをえない。

なぜなら、日本における教員養成担当者の養成は、戦後長期間にわたってその制度が整備されておらず、現在でも、教員養成系の博士課程は、1996（平成8）年4月に開設された東京学芸大学と兵庫教育大学を基幹大学とする2つの「連合大学院」、および2012（平成24）年4月に開設された静岡大学と愛知教育大学の共同教育課程による博士後期課程のみとなっている。

また、教育系の大学院においては、教員養成を担う大学教員を養成するために設けられた広島大学大学院人間社会科学研究科の「教職課程担当教員養成プログラム」や玉川大学大学院教育学研究科の「教師教育学研究コース」のような主体的な取り組みもみられるけれども、このような取り組みも、ごく一部の大学院に限られている。

加えて、大学における教員養成については、これまでに多くの研究が蓄積されてきているけれども、教員養成担当者養成のあり方についての本格的な研究は、前述した広島大学大学院での取り組みをまとめた丸山恭司・尾川満宏・森下真実編『教員養成を担う ―「先生の先生になる」ための学びとキャリア』（2019年）[6] があるのみで、未解明の部分が多い[7]。

その結果、日本の大学における教員養成担当者の多くは、「『教師教育者』になるためのトレーニング」[8] を受けておらず、「『教師教育者』になるのに教員免許がいるわけではないから、教育実習をしたこともなく、研究授業も公開授業もなく、授業観察をされて自分の授業を批評されたりすることもなく学生を教えている。口下手であろうが、人見知りであろうが、『教育学』は教えられるし、ひいては『教師教育』もできる」と考えられている[9]。

学校における教育実践は、教師に依存する部分が大きく、その水準は、教師

の力量によるところが大きい。したがって、学校教育を担う教員の養成は重要であるといえ、その養成のあり方にとっては、教員養成を担う教員の資質や力量、およびそれらの養成システムがさらに重要となる。

しかし、今日の日本においては大学における教員養成の質を規定するために重要となる教員養成担当者の養成については、制度的および理論的課題が山積しており、そのあり方が問い糺され続けている。

2. 技術教育と教員養成担当者の養成

さて、生産技術に関する知識と技能をあたえる教育とされる技術教育 [10] は、近代社会において、職業教育や専門教育としてばかりでなく、身分・職業にかかわりなくすべての国民が等しく受けるべきものとされている基礎的教育という意味での普通教育 [11] としても享受されてきた。

今日では、こうした普通教育としての技術教育は、イギリス、フランス、スウェーデン、アメリカ合衆国、ドイツ、ロシア、韓国、台湾などの国々で、いずれも初等学校から教科指導として行われている [12]。

しかし、日本における普通教育としての技術教育の状況は、このような国際的な動向と比較して、質・量ともに極めて貧弱なものになっているといわざるをえない。日本において普通教育としての技術教育は、実質上、中学校の技術科がその唯一の教科になっていて、初等教育からの継続した技術教育は行われていない。

また、小学校図画工作科は、年の経過とともに、技術教育の側面は薄れ、美術教育的性格を濃くし、さらに、それを当然視する観念が一般化しているといわれる。

そして、このように日本の普通教育としての技術教育が質・量ともに貧弱になっている問題の背景には、技術教育を担う教員の養成の問題があることを見過ごすことはできない。

例えば、小学校図画工作科に関わっては、「教員養成大学・学部の教官や学科システムが、美術の教員養成のためにのみ構成」[13] され、「今日の小学校教

員養成課程では、工作に関する知識・技能は全く授けられていない」[14]という
教員養成の問題が指摘されている。

　また、唯一、普通教育としての技術教育を行う教科として定着している中
学校の技術科の教員養成は、国立の教育系大学・学部に依存する率が高い。
2012年4月現在で国立の教員養成系以外の大学・学部で技術科担当教員の養
成を行っているのは4例のみであり、私立大学も21大学27学部等に限られ
ている[15]。そして、その国立大学教育学部も、学生定員の削減に伴い、小学
校教員養成を軸に再編される傾向で、「結果として、中学校にしかない技術科
の教員養成に責任をもつ大学が減っていく」[16]ことが見込まれている。

　しかし、義務教育段階における普通教育としての技術教育およびその教員養
成に関するこうした問題状況は、日本近代教育史において、その当初からあっ
た訳ではない。否、むしろ、明治以来の日本の学校教育は、「我国に於て技術
教育を学校に導入した最初の運動」[17]とされる手工科教育を、戦後の普通教育
としての技術教育以上に重く位置づけ、また、そうした教育を担う教員の養
成、さらには、教員養成を担当する教員の養成を、国際的にみてもかなり早く
から、かつ全国規模で整え営んできたといえる。

　しかし、戦前日本の普通教育としての技術教育を担ってきた小学校手工科教
員の養成、およびその小学校教員の養成を担っていた師範学校の手工科教員の
養成の営みと成果については、今日の図画工作科教育関係者ばかりか、技術科
教育関係者でさえも、忘却してしまっている状況がある。それは、これまで小
学校の手工科教育についての歴史的研究は少なくないけれども、その教員養成
に関する研究はほとんどないという事実からも、一層鮮明になる。

第2節　研究の目的

　本研究は、以上のような教員養成担当者の養成のあり方が問い糾されている
点、および、日本の普通教育としての技術教育が、質・量ともに極めて貧弱に
なっているという点を視野に入れ、その改善の方途を探るべく、戦前日本にお
いて小学校教員の養成を担っていた師範学校で手工科を担当していた教員の養

成（以下、「手工科担当師範学校教員の養成」と称する）の営みとその成果を、事実に即して考察しようとするものである。

　具体的には、戦前日本には、主として次の6つの手工科担当師範学校教員の養成システムがあった[18]。

　第1に、1886（明治19）年に、学科目中に手工科を加え、全卒業生に手工科の教員免許状を取得できるようにしていた高等師範学校理化学科（男子師範学科）である。高等師範学校においては、1886（明治19）年に「高等師範学校ノ学科及其程度」（文部省令第17号）が改正され、男子師範学科の中に修業年限を3年とする理化学科が設けられた。そして、ここでの学科目は、教育学、倫理学、英語、数学、物理学、化学、手工、図画、音楽、体操の10学科目とされ、卒業生に手工科の教員免許状も取得できるようにした。

　第2に、1899（明治32）年に、手工専修科として設置され、師範学校の手工科、図画科の教員および中学校、高等女学校の図画科教員の養成を主たる目的とし、全卒業生に手工科の教員免許状が与えられていた東京高等師範学校図画手工専修科（「高等師範学校手工専修科」と時期により使い分ける）である。専修科とは、「師範学校・中学校・高等女学校教員の欠乏を充たす為、必要なる場合に設置する制度となっているから、臨時に施設せらるべき」[19]とされる学科である。高等師範学校では、1895（明治28）年に国語漢文専修科および英語専修科が設置されて以来、各種の専修科が設置され、1899（明治32）年に手工専修科が設置された。同専修科の生徒には、倫理、教育学、国語、物理、数学、手工、図画（用器画、自在画）、体操の8学科目が課され、卒業生には手工科および図画科の教員免許状が与えられた。そして、図画手工専修科は、1941（昭和16）年までに、手工専修科とあわせて、合計11回生徒を募集し、245名の卒業生を出した。

　第3に、1907（明治40）年に図画科の教員養成を目的として設置されたけれども、学科目中に手工科が加えられ、全卒業生に手工科の教員免許状が与えられた東京美術学校図画師範科である。1907（明治40）年、東京美術学校に「本校における中等教員養成が本格化した」[20]とされる図画師範科が設置された。同師範科は、「師範学校、中学校、高等女学校ノ図画教員タルベキモノヲ養成

スルヲ主旨」[21] とし、主に図画科の教員を養成することを目的としていた。学科目は、倫理、教育学及教授法、美学及美術史、解剖学、図案法、自在画、幾何画法、手工、習字、英語、教授練習、体操とされ、卒業生には、図画科のほかに、手工科の教員免許状が与えられることになった。そして、東京美術学校図画師範科は、1910（明治 43）年から 1941（昭和 16）年まで、毎年生徒を募集し、605 名の卒業生を出した。

　第 4 に、教員の需給状況に応じて帝国大学や文部省直轄諸学校に臨時的に附設された臨時教員養成所において手工科担当師範学校教員の養成を行っていた第二臨時教員養成所（広島高等師範学校附設）図画手工科である。第二臨時教員養成所が附設された当初は、英語科、物理化学科、博物科のみが設置されていた。そして、1923（大正 12）年には、国語漢文科、歴史地理科、数学科、1930（昭和 5）年に図画手工科が設置された。図画手工科の学科目は、修身、教育、図画、手工、英語、数学、物理及化学、動物及植物、体操の 9 学科目とされ、卒業生に手工科と図画科の教員免許状が与えられた。

　第 5 に、1896（明治 29）年以降、毎年度合格者を出していた文部省師範学校中学校高等女学校教員検定試験「手工科」である。同検定試験は、1885（明治 18）年に開始され、1943（昭和 18）年まで、通算 78 回施行された国家資格検定試験である。手工科においては、1895（明治 28）年から 1940（昭和 15）年の間に、2,727 名が出願し、387 名が合格した。

　第 6 に、文部省が指定あるいは許可した官立、公立、私立学校卒業者の内、免許取得に必要な学科目を修了している等、ある一定条件を満たしている者は試験を行わずして教員免許状を取得できた無試験検定である。手工科の場合、手工科が設置された 1880 年代後半から 1890 年代にかけて、東京工業学校やその前身の東京職工学校の卒業生などが、無試験検定の認定を受けていたものの、その後数年間、こうした認定を受ける学校がなかった。そして、1933（昭和 8）年に東京美術学校の彫刻科と工芸科の一部が、無試験検定の指定学校に認定され、これらの課程で、教職科目を履修した者は、無試験検定によって、手工科の教員免許状を取得できることになった。

　本研究は、こうした 6 つのシステムで構成される戦前日本の手工科担当師

範学校教員の養成における東京高等師範学校図画手工専修科の役割とその技術
教育教員養成史上の意義を解明することを目的としている。

第3節　研究の背景と課題

1. 東京高等師範学校図画手工専修科の量的役割の探求

　本研究の第1の意図は、手工科担当師範学校教員の養成システムの全体像
を整理し、手工科担当師範学校教員の養成における東京高等師範学校図画手工
専修科の量的役割について検討することにある。

　日本教育史研究においては、戦前日本の教員養成について、多くの研究が蓄
積されており、一定の成果がみられている。

　これらのうち、中島太郎編『教員養成の研究』（1961年）[22] によれば、戦前
日本の師範学校、中学校、高等女学校の教員については、「当該学校教員の資
格を有することを証明する免許状を授与し、免許状保持者のなかから、教員を
任用する」[23] とされる「教員免許状制度」が採用されており、「中学校、高等
女学校、師範学校の教員資格を得るためにはその学校の教員免許状を取得する
必要があった」[24] と述べられている。

```
●直接養成
　　教員養成を目的とする官立学校を卒業すること

●間接養成              ・試験検定
　　教員検定に合格すること    文部省が学力試験、身体検査等で教員の適格性を
                            判定する
                        ・無試験検定
                            文部省が指定あるいは許可した学校の卒業生につ
                            いて、文部省が卒業証書、学力証明書等で検定条
                            件を満たしているか否かを判定する
```

図序-1　戦前日本の師範学校・中学校・高等女学校教員の養成システム
注：中島太郎編『教員養成の研究』（第一法規出版、1961年）より筆者作成。

　そして、この教員免許状を取得するためには、教員養成を目的とする官立学校を卒業すること（いわゆる直接養成）と教員検定に合格すること（いわゆる間接養成）の2つの方法があり、さらに教員検定は試験検定と無試験検定の2つに分けられていた（図序-1参照）。

　試験検定とは文部省が学力試験、身体検査等で被検定者に直接接することによって、教員の適格性を判定する方式である。この試験検定は第1回より第9回までは毎年3月東京で行われた。1896（明治29）年の第10回からは、予備試験と本試験の2段階に分けられ、地方で行われる予備試験に合格した者が、東京で行われる本試験を受けることとされた。

　無試験検定とは文部省が被検定者の提出した学校の卒業証書、学力証明書等を通し、検定条件を満たしているか否かを確認する方式である。文部省が指定あるいは許可した官立、公立、私立学校卒業者の内、免許取得に必要な学科目を修了している等、ある一定条件を満たしている者は試験を行わずして教員免許状を取得できるようになっていた。

　また、中島によれば、各年度での直接養成、間接養成のうちの試験検定および無試験検定といった3つの方式による教員免許状の取得者数の割合は「大約、3分の1づつ分配」[25]しており、戦前日本の師範学校、中学校、高等女学校の教員免許状取得者の約3分の2以上が、間接養成による者であったことが指摘されている。

　さらに、寺崎昌男・「文検」研究会編『「文検」試験問題の研究 ― 戦前中等教員に期待された専門・教職教養と学習 ―』（2003年）[26]によれば、「試験検定制度および無試験検定制度が戦前日本の中等教員供給の2大システムであった」[27]とされ、高等師範学校や女子高等師範学校などの直接養成からの中等学校教員供給は、戦前最大時の1917（大正6）年でも20％程度に止まり、試験検定や無試験検定と通じての教員供給こそが大きな比重を占めていたことが示されている。

　他方で、間接養成のうちの試験検定と無試験検定の関係について、寺崎昌男・「文検」研究会編『「文検」の研究 ― 文部省教員検定試験と戦前教育学 ―』（1997年）[28]では、ほぼ毎回75％以上であった無試験検定の合格率の高さに

比べて、「セレクティブな資格試験であり、いわゆる『難関』であった」[29] とされる試験検定の合格率は、ほぼ毎回 10％以下とかなり低い点が指摘されている。

　また、佐々木啓子『戦前期女子高等教育の量的拡大過程 ― 政府・生徒・学校のダイナミクス ―』（2002 年）[30] によると、無試験検定は当初、官立の大学および専門学校卒業者に限られていたけれども、1910 年代の終わりから私立大学および専門学校卒業者にも拡大した。そのため、1920 年代から無試験検定合格者が急増して試験検定合格者との比率を圧倒していることが示されている。

　同様に、船寄俊雄・無試験検定研究会『近代日本中等教員養成に果たした私学の役割に関する歴史的研究』（2005 年）[31] も、無試験検定について、「このルートで資格を取得した人の割合は恒常的に一番多」[32] いことから、「中等教員の量的供給に多大の貢献を行った」[33] と述べている。

　これらの研究から、戦前日本の師範学校、中学校、高等女学校の教員養成は、直接養成によるものと間接養成によるものがあり、さらに間接養成は、試験検定と無試験検定の 2 つに分けられて行われていた。そして、間接養成、すなわち試験検定および無試験検定は、それぞれの受験者数、合格者数（免許取得者数）の多さからみて、師範学校、中学校、高等女学校の教員養成・供給にとって重要な役割を果たしていたと考えられる。また、無試験検定の合格率はいわゆる「難関」であったとされる試験検定の合格率よりもはるかに高く、特に 1920 年代の初めからの教員検定合格者の大部分は、無試験検定によるものであったと考えられる。

　ところが、手工科担当師範学校教員の養成システムにおいては、こうした師範学校、中学校、高等女学校の教員養成とは異なる構造的な特徴の存在が指摘できる。

　森下一期「手工科教員養成における東京工業学校の役割」（1990 年）[34] によれば、手工科設置当初、尋常師範学校手工科の教員免許状を取得していたのは、高等師範学校理化学科卒業者、東京工業学校やその前身である東京職工学校卒業者、文部省手工講習会終了者、さらに試験検定合格者であった。

　これらのうち、高等師範学校理化学科は、1886（明治19）年に、学科課程中に手工科を設けて、手工科の教員免許状を取得できるようにしていた。しかし、同科は、手工科担当師範学校教員を主として養成するものではなく、多様な教員免許状を取得できたことから、その卒業者は「必ずしも手工科を担当したとは限ら」[35]ず、手工科担当師範学校教員の供給源として「十分なものではなかった」[36]とされている。

　これに対して、東京工業学校の前身である東京職工学校では、手工科が設置された当初、無試験検定で手工科の教員免許状を取得することができ、「少数であれ、東京職工学校卒業者がまず最初に」[37]手工科担当師範学校教員になった。

　また、1890（明治23）年には、東京職工学校は東京工業学校と改称され、「府県から推薦を受けて尋常師範学校の卒業生を入学させ、2か年間で」[38]手工科担当師範学校教員を養成することを目的とした機械科特別生の制度が設けられた。同特別生は、4年間で21名を卒業させたが、そのうちの「自営と母校に残る各一名を除いて他は尋常師範学校手工科教員」[39]となっていた。

　しかし、1892（明治25）年に、尋常師範学校の必修科目であった手工科が加設科目に改められ、手工科担当師範学校教員の需要が減少したために、1894（明治27）年に機械科特別生の制度は廃止となり、同時に、工業教員養成所が設置された。同養成所は、徒弟学校や工業補習学校の教員を養成することを目的としていたが、「実習に多くの時間をさき、実技を身につけさせていることが、（中略：筆者）工業教員養成所となってからも、手工科教員として求められ」[40]、「尋常師範学校にも比較的多数就職」[41]していた。

　加えて、1887（明治20）年から1889（明治22）年にかけては、東京職工学校において文部省手工講習会が開催され、この講習会の「出席したすべてのものが手工科を担当し続けるわけではないが、受講者の多くが創設期の手工科の発展に力を尽くした」[42]とされている。

　これらのことから、森下は、「明治中期までにおいては、東京工業学校卒業者ならびに東京工業学校で開催された文部省手工講習会受講者が尋常師範学校手工科教員養成においては大きな役割を果たしていた」[43]としている。

　また、宮崎擴道・澤本章・平田晴路「戦前における手工科の中等教員養成制度について」（2010年）[44] によれば、手工科担当師範学校教員は、「官立学校で供給を満たせる状況」[45] にあり、間接養成のうちの試験検定、すなわち「文検」の合格者は、「中等学校教員として活躍する機会は決して多くなかった」[46] とされている。そして、こうしたことから、「手工科の文検に限っては高等師範学校などの官立学校による養成、そして帝国大学、工業教員養成所などの無試験検定に続く第三の中等教員養成機関的な役割は非常に小さかった」[47] と述べられている。

　これらの研究から、手工科担当師範学校教員の養成にかぎってみた場合には、直接養成と間接養成の無試験検定の役割が大きく、とりわけ1900（明治33）年までは、無試験検定とされていた東京工業学校や文部省手工講習会の量的役割が小さくなったことが示唆されている[48]。

　以上のように、戦前の師範学校、中学校、高等女学校の教員養成や供給においては、直接養成よりも間接養成、間接養成のうちにおいては、試験検定よりも無試験検定が大きな役割を果たしており、直接養成が果たした量的役割は大きくなかったとされている。

　しかし、手工科担当師範学校教員の養成に限ってみた場合、試験検定よりも、直接養成と無試験検定の役割が大きく、直接養成の果たした量的役割についても決して小さくなかったことが指摘されている。

　ただし、森下の研究は、分析対象となっている時期が1900（明治33）年までとなっており、宮崎・澤本・平田による研究では、直接養成や無試験検定の量的役割が実証的に解明されてはいるとはいえない。

　そのため、手工科担当師範学校教員の養成システムの全体像を、手工科が存続していた1886（明治19）年から1942（昭和17）年まで一貫して分析し、同養成システムにおける東京高等師範学校図画手工専修科の量的役割を検討することが必要となる。本研究においては、これが試みられる。

2. 東京高等師範学校図画手工専修科における手工科教育の質的特徴の検討

　本研究の第2の意図は、東京高等師範学校図画手工専修科における手工科教育の技術教育としての質的特徴について検討することである。

　前述したように、師範学校、中学校、高等女学校教員の養成や供給においては、直接養成よりも間接養成、間接養成のうちにおいては、試験検定よりも無試験検定が大きな役割を果たしていた。そのため、高等師範学校に関しては、一部の学科目の教員養成や附属学校における教育実践に関する研究を除いて、本格的な研究が少ない[49]。

　また、本研究の主要な分析対象である東京高等師範学校図画手工専修科における教員養成についても、手工科に関する多くの研究、著作等で、手工科担当師範学校教員の養成における同専修科の存在意義について指摘されてはいるけれども、そこでの手工科教育の内容が実証的に解明されているわけではない。

　しかしながら、東京高等師範学校図画手工専修科において手工科専任教授として在職していた上原六四郎、岡山秀吉および阿部七五三吉の手工科教育論に関しては、これまでいくつかの研究が行われ、その成果がまとめられている。

　上原、岡山、阿部は、「学科主任」と称する同専修科における手工科教育の中心的役割を担っていた人物である。そのため、彼らの手工科教育論に関する以下の研究の成果は、東京高等師範学校図画手工専修科における手工科教育の内容の解明にとって重要な示唆を与えるものであり、本研究では、これらの成果をふまえつつ、その営みを検討することが必要となる。

(1) 上原六四郎の手工科教育論

　上原の手工科教育論については、①上里正男「導入期の手工教育理論」（1980年）[50]、②菅生均「上原六四郎の手工教育観に関する一考察」（1990年）[51]、③平舘善明『教材にみる岡山秀吉の手工科教育論の特質と意義 ― 戦前日本の手工科教育論の到達水準の探求 ―』（2016年）[52] がある。

　これらのうち、上里（1980年）によれば、上原は、語学力が堪能で、ベルギーの報告書や、フランス、スウェーデン、ドイツの手工書などを翻訳するこ

とで手工科教育に精通し、我が国独自の手工科教育論を展開していった。そして、その内容は、手工科教育を普通教育として位置づけようとしたものであり、「教育的に位置づけられ、一つの手工業の労働だけ役立つ能力を育てる職業教育ではなく、あらゆる手工業の労働に役立つ一般的準備を目的とする教育内容の普遍性を有する技術教育が志向された」[53]とされている。

また、菅生（1990年）も上里と同様に、上原は、「社会一般でなされている実業の基礎的陶冶として手工を普通教育に位置づけようとした」[54]点を認めつつ、同時に、上原が手工科教育での学習内容が物理や数学、体育などの他学科目に転移できるとして「人間の成長発展を目する教育において手工の持つ有意性」[55]を説き、「『手を使ってものをつくる』という行為をいわゆる 3R's すなわち、読み、書き、計算と同時に教育の重要な基盤として位置づけ」[56]ようとしていた点を指摘している。

さらに、平舘（2016年）によれば、上原は、手工科教育の目的として、①手脳共練、②数学や物理などの学理への応用、③勤勉の習慣と忍耐心の育成、④工芸思想の養成、⑤体育、をあげ、手工科教育の目的を「ペスタロッチやフレーベルなどの『普通教育派』の立場から、智育・徳育・体育などの子どもの諸側面の発達的価値に位置づけつつ、産業を意識して論じてい」[57]た。加えて、フランスの「手労働」やスウェーデンのスロイドを参考にしていた上原は、手工科教育では、手工業すなわち様々な産業としての「細工」を扱うべきとし、最良な細工を木工、それに次ぐ細工を金工の仕上加工と練物細工として、これらを合わせ課すことを「『良策』としていた」[58]とされている。

以上の点から、上原の手工科教育論の特徴は、手工科教育を普通教育として捉え、手工科教育の目的を子どもの諸側面の発達的価値に位置づけつつ、その対象を手工業すなわち「細工」に据えていた点にあったとみることができる。上原は手工科教育の具体的な実践例を示すには至らなかったとされているけれども、日本でいち早く手工科教育を普通教育として位置づけようとした点は評価すべきであると思われる。

(2) 岡山秀吉の手工科教育論

　岡山の手工科教育論については、①佐々木享「手工教育の確立者・岡山秀吉の前半生」（1976 年）[59]、②菅生均「岡山秀吉の手工教育価値分析に関する一考察」（1984 年）[60]、③川村伜「岡山秀吉の千葉県尋常師範学校時代における手工科教育課程の構想」（1998 年）[61]、④平舘善明（前掲書・2006 年）など、これまでに多くの研究が蓄積されている。

　これらのうち、佐々木（1976 年）によれば、岡山の手工科教育理論の特徴は「ひとことでいえば、子どもの発達に着目した教育的手工」[62]であり、岡山が「道具を使い、材料を扱い、ものをつくるという手工教育に独自の教育的価値をみとめ」[63]ていたことが指摘されている。

　そして、こうした「子どもの発達に着目した教育的手工」とよばれる岡山の手工科教育論の全体像を明らかにしたのが平舘（2016 年）である。

　平舘によれば、岡山は、欧米留学（1911 年 8 月〜 1913 年 11 月）前、「教育的価値」と称する手工科教育の目的的価値を精神面と身体面、知識と技能、実質的陶冶と形式的陶冶という枠組みで分類・整理し、特に身体面の技能に関する実質的・形式的陶冶の側面を重視した。また、岡山は、材料ごとに種別化された「細工」を、子どもの身体の発達や心理的要求、および地域産業・職業との関連などを視野において選択・配列することで手工科の教育課程を編成し、手工科教育の「目的的価値を順序だてて実現させていく上での、いわば手工科における目的的価値の発展のすじ道」[64]を示していた。

　そして、岡山は、欧米留学（1911 年 8 月〜 1913 年 11 月）後には、留学で学びえた研究成果を活かして手工科教育の目的的価値を「一般的陶冶」、「実用的陶冶」、「生産的陶冶」の枠組みで整理しなおし、一方で、職業の意味をわからせ、それを選択し営む能力の形成を目指すとともに、他方で、「現代工業」を文化として学ばせることを通して科学の真価や労働の価値を認識・判断できる主体形成をねらいとした「生産的陶冶」をとりわけ高学年において重視した。

　さらに、岡山は、工業に関する創意的・構成能力の育成を意味する「創作力の養成」を目的的価値に加えるとともに、「創作力の養成」を実現する手だてを個々の教材にわたって整えた。

　こうしたことから、平舘は、岡山の手工科教育論について、「『現代工業』を文化として学ばせるという文脈を手工科に設定し、子どもの心理的要求や身体の発達の程度、目的的価値の実現を促す手だてなどの配慮をもって、子どもの発達を促す、まさに教育的価値を具体物として体現する教材をつくりあげていた。これこそ、まさに『子どもの発達に着目した教育的手工』とよばれるゆえんであり、その内実である」[65] としている。

　以上の点から、「教育的手工」であったとされる岡山の手工科教育論においては、職業の意義や労働の世界をわからせ、それを選択し営む能力の形成をめざすとともに、とりわけ現代工業をすべての人々が知らなければならない文化とし、現代工業に関する基本的な知識と技能を学ばせることを通して、科学の真価や労働の価値を判断できる能力を身につけさせる「生産的陶冶」を重視した手工科教育の目的論が構築されていた。また、他方では、それらの教育目的を子どもの発達を促しつつ実現する手だてが教育課程および教材等のかたちでつくりあげられていたものであったといえる。

　こうした岡山の手工科教育論は、まさに工業分野の技術を学ばせ、労働の価値や労働の世界を理解させるための手ほどきであったとみることができ、この点で、岡山の手工科教育理論は、近代日本の教育史上にみる画期的な技術教育論であったと考えられる。

(3) 阿部七五三吉の手工科教育論

　阿部七五三吉の手工科教育論についての代表的なものとしては、平野英史による一連の研究、すなわち①「阿部七五三吉の手工教育論に於ける創作概念の推移 ― 石野隆との論争などから ― 」（2008 年）[66]、②「阿部七五三吉の手工教育論 ― 明治 40 年頃から大正 10 年頃までの著作・論文に見られる教授方法に関する主張から ― 」（2010 年）[67]、③「阿部七五三吉の手工教育論における教科課程の研究」（2011 年）[68]、④「阿部七五三吉による手工教育の実践的展開 ― 岡山秀吉の尋常小学校教科課程案との比較を中心として ― 」（2012 年）[69] があげられる。

　平野によれば、阿部は、尋常小学校の入学から 2 年生頃までの教科課程に、

幼稚園の手技やフレーベルの恩物に関係した折紙細工および粘土細工を用いて、小学校生活や手工科教育に慣れさせることに重点を置いた「遊戯的手工」を取り入れていた。また、2年生頃からは、製作に必要となる入門的技能や知識を習得させることをめざした内容を導入し、尋常小学校の中学年の教科課程には、手工科教育の基礎的・基本的内容を図学・製図の知識・技術の習得と定めて集中的に取り入れた。さらに、尋常小学校高学年の教科課程には、それまでの学年で習得した基礎的・基本的な内容を応用して、何を製作するかを考え、材料や加工技術・方法をふまえて製図上で設計し、図面の計画にそって製作を行う能力の獲得を目指した集団による作業、様々な材質を用いる物品製作、実験を行うことで完成する物品製作などを取り入れていた。そして、阿部は、これらの内容を単純に学年や学期で区切ることなく、臨機応変に配置していたとされている。

　こうした点から、平野は、阿部の手工科教育論の特徴を、「実質陶冶を重視するのではなく、形式陶冶を重視して、子どもに幅広い内容の製作活動を、計画的に行う能力を形成させること」[70]にあったとしている。

　また、平野は、阿部の手工科教育論の特徴として、1914（大正3）年以降、手工科教育における「創作」が重視されている点についても指摘している。

　平野によれば、阿部は、「創作」することを「創造」として表現し、「創造」は人間的陶冶の不可欠な要素であると重視し、「創造」に至るためには模倣が重要であるとした。

　ここでいう「創作」とは、いわゆる「自由製作」のように、子どもの思いや考えを何も制限しないで、すべて自由に製作することではなく、製作に必要な材料の用法や工具の使用法などを学習し、その内容をふまえながら「形状、構造、製法の全てを工夫する」[71]製作のことである。この力を向上させるために、阿部は、「見本をそのまま模倣する『模倣製作』、見本の一部を工夫する『改作』、題目以外のすべてを自由に計画して製作する『工夫製作』、題目を含むすべての内容を自由に設定し製作する『創作』」[72]といった「模倣を基礎とした階梯的な方法」[73]を計画していたとされている。

　このことから、平野は、阿部が「子どもの発達段階を考慮した方法を重ん

じ、特に子どもの興味関心を引き、受動的ではなく能動的な活動の姿勢を生み出すような教授方法の研究を行って」[74]いたと述べている。

　以上の点から、阿部の手工科教育論は、受動的ではなく能動的な活動の姿勢を生み出すことや幅広い内容の製作活動を計画的に行う能力の育成といった形式陶冶が重視されていたとみることができる。

　この点において、阿部の手工科教育論は、現代工業に関する基本的な知識と技能を学ばせることを通して、科学の真価や労働の価値を判断できる能力を身につけさせる「生産的陶冶」を重視した岡山と比べて、技術教育論として後退した面があると認めざるを得ない。

　ただし、阿部は、手工科教育の基礎的・基本的な内容として図学・製図の知識や技術を重視し、尋常小学校の中学年段階でそれらの学習を集中的に取り上げるとともに、既習内容をふまえながら、物品の形状や構造を構想し、製作の順序や方法を計画するという意味合いの「創作」を人間性陶冶に不可欠な要素であるとしていた点は、注目に値する。

第4節　研究の方法と本書の構成

1. 時期区分

　本研究では、師範学校において手工科が存続していた1886（明治19）年から1942（昭和17）年までの時期を、①尋常・高等小学校段階、②師範学校段階、③高等師範学校段階、のそれぞれの手工科教育の法制度的位置づけに則して、下記のようにⅢ期に時期区分して分析を行う（表序-1参照）。

第Ⅰ期：国民教育における手工科教育の模索期（1886年〜1906年）

　この時期、日本は、日清（1894〜1895年）・日露（1904年〜1905年）戦争を経験した。そして、日清戦争の前後から、日本の産業の工業化は急速に進行し、軽工業、とりわけ繊維産業の機械化によって、日本の産業資本は、次第に確立していった。

　また、学校教育に関しては、1886（明治19）年、森有礼文部大臣の教育制

度改革のなか、「帝国大学令」（勅令第 12 号）、「師範学校令」（勅令第 13 号）、「小学校令」（勅令第 14 号）、「中学校令」（勅令第 15 号）が制定された時期である。

　こうしたなかで、1886（明治 19）年の「小学校ノ学科及其程度」（文部省令第 8 号）によって高等小学校の教科課程に、1890（明治 23）年のいわゆる「第二次小学校令」（勅令第 215 号）によって尋常小学校の教科課程に手工科が加えられた。しかし、この時期の尋常・高等小学校における手工科は、すべての児童に課すべき教科としてではなく、教科課程に加えるか否かは、各尋常・高等小学校の土地の状況や修業年限によって各学校で決めることができるとされていた。また、1891（明治 24）年の「随意科目等ニ関スル規則」（文部省令第 10 号）では、手工科が設置された尋常・高等小学校においても、履修するか否かを個々の児童が選択できることとされていた。

　他方、尋常師範学校では、1886（明治 19）年の「尋常師範学校ノ学科及其程度」（文部省令第 9 号）によって、農業手工科が、すべての男生徒に課されることになった。また、1892（明治 25）年の「尋常師範学校ノ学科及其程度」（文部省令第 8 号）から、手工科は、農業科と分離し、土地の状況によって外国語、農業、商業、手工のうちの 1 学科目もしくは数学科目を学科課程に加え、男生徒に課してもよいとされた。しかしながら、この時期、尋常師範学校の女生徒には、手工科が課されることはなかった。

　高等師範学校においては、1886（明治 19）年、男子師範学科理化学科の学科目中に手工科が設置され、後藤牧太と西毅三郎の 2 名が手工科を担当した。そして、理化学科の卒業生は、手工科の教員免許状を取得することができるようになり、高等師範学校において、手工科担当師範学校教員の養成がはじまった。

　また、1899（明治 32）年からは、主たる目的を師範学校の手工科教員、および師範学校、中学校、高等女学校の図画科教員を養成することとした手工専修科が設置された。手工専修科の生徒には、倫理、教育学、国語、物理、数学、手工、図画（用器画、自在画）、体操の 8 学科目が課され、手工科を担当する教員は 2 名いた。

表序-1　手工科

時期	尋常・高等小学校
第Ⅰ期 国民教育における手工 科教育の模索期 （1886 年～ 1906 年）	●高等小学校 ・1886 年「小学校ノ学科及其程度」 　土地の状況によって「手工」を加えることができる。 ・1890 年「小学校令」改正 　土地の状況によって「手工」を加えることができる。 ・1891 年「随意科目等ニ関スル規則」 　手工科を「随意科目」とすることができる。 ・1903 年「小学校令中改正」 　修業年限 3 年以上の高等小学校では、手工科、農業科、商業科の 1 教科もし 　くは数教科を加える。 ●尋常小学校 ・1886 年～ 1889 年 　手工科は設置されない。 ・1890 年「小学校令」改正 　土地の状況によって「手工」を加えることができる。 ・1891 年「随意科目等ニ関スル規則」 　手工科を「随意科目」とすることができる。
第Ⅱ期 国民教育における手工 科教育の定着期 （1907 年～ 1925 年）	●高等小学校 ・1907 年「小学校令中改正」 　手工科、農業科、商業科の 1 教科もしくは数教科を加える。 ・1911 年「小学校令中改正」 　手工科、農業科、商業科の 1 教科もしくは数教科を加え、数教科を加えた場 　合には、そのうちの 1 教科を児童に課す。 ・1919 年「小学校令中改正」 　手工科、農業科、商業科の 1 教科もしくは数教科を加え、これらは「随意科 　目」または「選択科目」とすることができる。 ●尋常小学校 ・1907 年「小学校令中改正」 　土地の状況によって「手工」を加えてもよい。
第Ⅲ期 国民教育における手工 科教育の充実期 （1926 年～ 1942 年）	●高等小学校 ・1926 年「小学校令中改正」 　手工科は原則として必設。ただし、実業科工業を学習する児童は、「手工」 　を学ばなくてもよい。 ・1941 年「国民学校令」 　芸能科工作が必修。 ●尋常小学校 ・1926 年「小学校令中改正」 　土地の状況によって「手工」を加えてもよい。 ・1941 年「国民学校令」 　芸能科工作が必修。

教育の時期区分

（尋常）師範学校	高等師範学校・図画手工専修科
●男生徒 ・1886 年～「農業手工」が必修。 ・1892 年～土地の状況によって「手工」、「外国語」、「農業」、「商業」のうちの 1 学科目もしくは数学科目を加え、そのうちの 1 学科目を課す。 ●女生徒 ・「手工」は課されない。 ●修業年限 ・男女ともに 4 年	・1886 年～ 理化学科のなかで手工科担当師範学校教員の養成を行う。 ・1899 年～ 手工専修科設置 （手工科担当教員：2 名）。 ・1906 年～ 図画手工専修科へと改称されて設置 （手工科担当教員：3 名）。
●男生徒 ・「手工」が必修。 ●女生徒 ・「手工」が必修。 ●修業年限 ・第一部　4 年 ・第二部　男生徒 1 年／女生徒 1 ないし 2 年	・1907 年～ 修業年限が 2 年から 3 年に延長。 ・1922 年～ 手工科担当教員が 3 名→5 名に増加。
●男生徒 ・「手工」が必修。 ●女生徒 ・「手工」が必修。 ●修業年限 ・1930 年まで 　第一部　4 年 　第二部　男生徒 1 年／女生徒 1 ないし 2 年 ・1931 年～ 　第一部　5 年 　第二部　2 年	・修業年限 3 年 ・1928 年～ 　手工科担当教員が 7 名に増加

そして、1906（明治39）年には、手工専修科は図画手工専修科へと改称されて設置された。図画手工専修科の生徒には、倫理、教育、手工、図画、数学、物理、体操の7学科目が課され、手工科を担当する教員は3名になった。

このような点から、第Ⅰ期（1886年〜1906年）においては、手工科教育が尋常・高等小学校の教科課程や師範学校の学科課程に登場し、手工科の設置や教科の運営などについて模索されているとみられることから、この時期を「国民教育における手工教育の模索期」とする。

第Ⅱ期：国民教育における手工科教育の定着期（1907年〜1925年）

1914（大正3）年にヨーロッパを主な戦場とする第一次世界大戦が勃発し、日本の資本主義はさらに急成長し、この時期の日本は、独占資本主義に移行していった。また、中国に対する権益を拡張して、大戦後の世界秩序を担う帝国主義国家の一つになっていった。

このように日本は帝国主義段階に入り、政府は、一方で儒教的道徳と天皇制教育の強化、他方で、欧米諸国と肩を並べるための技術の発展のために、初等教育、中等教育、教員養成、高等教育の全体にわたる教育制度を拡充整備したとされている。

具体的には、この時期の教育制度改革の特徴は、義務教育年限の延長などにみられる。日清・日露戦争の影響で、国民生活が一定程度充実し、近代産業も勃興・発展したことから、義務教育制度の拡充が期待され、1907（明治40）年の「小学校令中改正」（勅令第52号）では、義務教育年限が4年から6年に延長された。

そして、同「中改正」では、尋常小学校の手工科は、土地の状況によって教科課程中に加えてもよいとされた。高等小学校の手工科は、手工、農業、商業のうちの1教科目もしくは数教科目を教科課程中に加えることとされた。

また、1911（明治44）年の「小学校令中改正」（勅令第216号）では、高等小学校の教科課程中に手工、農業、商業のうちの1教科目もしくは数教科目を加え、数教科目を加えた場合は、そのうち1教科目を児童に課すこととされた。

さらに、1919（大正8）年の「小学校令中改正」（勅令第10号）では、高等

小学校の教科課程に、手工、農業、商業の 1 教科目もしくは数教科目を加え、これらは随意科目や選択科目にすることができるとされた。

このように、この時期の尋常・高等小学校では、手工科の設置や履修に関しては、第 I 期と同様に、学校や児童に任されていた。

しかしながら、師範学校では、1907（明治 40）年の「師範学校規程」（文部省令第 12 号）によって、本科第一部および第二部の男女すべての生徒に手工科が課されることになった。

また、東京高等師範学校図画手工専修科では、1907（明治 40）年から、修業年限が 2 年から 3 年に延長された。さらに、手工科を担当する教員も増加し、1922（大正 11）年には、手工科を担当する教員は 5 名になった。

このような点から、第 II 期（1907 年～ 1925 年）までを、「国民教育における手工教育の定着期」とする。

第Ⅲ期：国民教育における手工科教育の充実期（1926 年～ 1942 年）

1931（昭和 6）年の満州事変から十五年戦争が始まり、1932（昭和 7）年の「五・一五事件」や、1936（昭和 11）年の「二・二六事件」を経るなかで、日本は、戦時体制を形成・強化していった時期である。

1926（大正 15）年の「小学校令中改正」（勅令第 73 号）では、尋常小学校での手工科の設置は従前のとおり各学校に任されていたけれども、高等小学校の手工科は原則として必設されるべき教科目の 1 つになり、実業科工業を履修する者をのぞく児童に手工科が課されることになった。

また、1941（昭和 16）年の「国民学校令」（勅令第 48 号）では、手工科は芸能科工作になり、すべての国民学校の児童に課されることになった。

他方、師範学校では、従前のとおり男女すべての生徒に手工科が課されていた。

また、東京高等師範学校図画手工専修科では、修業年限は従前のとおり 3 年とされ、1929（昭和 4）年からは、東京高等師範学校で手工科を担当する教員は 7 名に増加した。

このような点から、第Ⅲ期（1926 年～ 1942 年）を、「国民教育における手工教育の充実期」とする。

2. 研究の方法

　そして、本研究では、これらの時期における手工科担当師範学校教員の養成システム、具体的には、①高等師範学校校理化学科、②東京美術学校図画師範科、③東京高等師範学校図画手工専修科、④第二臨時教員養成所図画手工科、⑤文部省師範学校中学校高等女学校教員検定試験「手工科」（試験検定）、⑥東京美術学校彫刻科および工芸科（無試験検定）、を視野に入れながら、同養成システムにおける東京高等師範学校図画手工専修科の役割と技術教育教員養成史上の意義を、（1）手工科担当師範学校教員の養成における東京高等師範学校図画手工専修科の量的役割、（2）東京高等師範学校図画手工専修科における手工科教育の技術教育としての質的特徴、の2側面から検討する。

　すなわち、東京高等師範学校図画手工専修科の量的な役割について、

　第1に、手工科教員免許状の取得者数について、直接養成における卒業生の人数と手工科の試験検定および無試験検定の出願者数、合格者数、合格率の推移に着目して分析を行う。直接養成の卒業生の人数については、各年度の『東京高等師範学校一覧』、『東京美術学校一覧』、『広島高等師範学校　第二臨時教員養成所一覧』[75]を用いる。また、手工科の試験検定および無試験検定の出願者数、合格者数、合格率については、各年度の『文部省年報』を用いる。

　第2に、手工科担当師範学校教員の供給について、直接養成機関である東京高等師範学校図画手工専修科、東京美術学校図画師範科の全卒業生の勤務先動向と師範学校、中学校、高等女学校における担当学科目を分析する。その際、各学校の全卒業生の勤務先動向については、各年度の『東京高等師範学校一覧』、『東京美術学校一覧』、をそれぞれ用いる。また、各卒業生の師範学校、中学校、高等女学校での担当学科目については、各年度の『中等教育諸学校職員録』（中等教科書協会）[76]を用い、同書に掲載されていない勤務先が不明確な卒業生については、各師範学校の『学校史』等に掲載された「職員録」を参照する。

　また、東京高等師範学校図画手工専修科の手工科教育の技術教育としての質的特徴については、

表序 -2　上原六四郎・岡山秀吉・阿部七五三吉が執筆担当した師範学校手工科用
検定教科書

No.	著者	書名	発行年月	出版社
			検定年月	
1	岡山秀吉	『師範教育手工教科書』	1907 年 10 月	金港堂
			1908 年　4 月	
2	上原六四郎 岡山秀吉 阿部七五三吉	『師範学校手工教科書』	1908 年 12 月	実業教科 研究組合
			1909 年　2 月	
3	岡山秀吉	『改訂増補　手工科教材及教授 法』	1927 年　3 月訂正再版	宝文堂
			1927 年　3 月	
4	岡山秀吉 阿部七五三吉 伊藤信一郎	『新手工教科書』	1928 年　2 月訂正再版	培風館
			1928 年　2 月	
5	岡山秀吉 阿部七五三吉 伊藤信一郎	『改訂　新手工教科書』	1933 年　1 月改訂四版	培風館
			1933 年　2 月	
6	岡山秀吉 阿部七五三吉 伊藤信一郎	『女子師範学校手工教科書』	1934 年　2 月訂正再版	培風館
			1934 年　2 月	
7	阿部七五三吉 山形寛 松原郁二	『師範学校二部用　新手工教科 書』	1938 年　2 月訂正再版	培風館
			1938 年　3 月	
8	阿部七五三吉 山形寛 松原郁二	『師範学校二部用　新手工教科 書』	1942 年　2 月訂正三版	培風館
			1942 年　3 月	
9	岡山秀吉 阿部七五三吉 伊藤信一郎	『女子師範学校手工教科書』	1942 年　4 月訂正三版	培風館
			1942 年　5 月	
10	岡山秀吉 阿部七五三吉 伊藤信一郎	『改訂　新手工教科書』	1942 年　4 月改訂五版	培風館
			1942 年　5 月	

注：坂口謙一「戦前わが国諸学校における『実業教科』の検定教科書一覧 ― 1940 年代初
頭までの手工科、工業科、商業科系、実業科（商業）教科書―」（『技術教育学研究』
第 8 号、pp.149-181）より作成。

　第1に、東京高等師範学校図画手工専修科における教員養成について、教員構成および学科課程を分析する。その際、各年度の『東京高等師範学校一覧』を用いる。

　第2に、東京高等師範学校図画手工専修科における手工科担当師範学校教員の養成の営みについて、同専修科における手工科教育の内容的な特徴を分析する。しかし、同専修科における手工科教育の内容を解明する直接的な資料は管見の限り見あたらない。そこで、ここでは、東京高等師範学校で手工科専任教授として在職した上原六四郎、岡山秀吉、阿部七五三吉が執筆担当した師範学校手工科用の検定教科書（表序-2 参照）を用いる。

　なぜなら、これらの教科書は、文部大臣による検定で認可された師範学校用の検定済教科用図書、いわゆる検定合格本であり、戦前日本の師範学校における教科書は、「実質的には、検定教科書のなかから使用する教科書を選定すること」[77]と定められていた。そのため、これらの検定教科書は、多くの師範学校で使用されていたと考えられる。また、東京高等師範学校は、師範学校で手工科を担当する教員を養成するところであるため、師範学校の多くで使用されていたとみられる教科書を教え得る教員を養成しようとしていたと考えられる。いいかえれば、これらの教科書には、東京高等師範学校図画手工専修科において、上原、岡山、阿部が師範学校の教員に身につけさせたかった技能教授の内容や手工科教育論が結晶されていたと考えられるためである。

　なお、「手芸」領域については、女子用手工の問題など、別個に検討すべき重要な論点が含まれていると考えられるので、ここでは取り扱わず、別稿にゆずることとする。

3. 本書の構成と概要

　本書は、序章および結章を含めて、全7章で構成する。

　これらのうち、第1章から第3章では、本研究の第1の意図である手工科担当師範学校教員の養成における東京高等師範学校図画手工専修科の量的役割について考察する。

　第1章「手工科担当師範学校教員の養成における直接養成と間接養成」では、直接養成における卒業生の人数と手工科の試験検定および無試験検定の出願者数、合格者数、合格率の推移の分析を行い、直接養成と間接養成、および間接養成のうちの試験検定と無試験検定の3者のうちにみられる手工科担当師範学校教員の養成の特質について考察する。

　手工科担当師範学校教員の養成は、教員免許状取得という量的な面においては、直接養成の比重が間接養成に比べて高く、しかも、東京美術学校図画師範科と東京高等師範学校図画手工専修科の養成機関の果たした役割が特段に高かった。

　第2章「東京美術学校図画師範科による手工科担当師範学校教員の供給」および第3章「東京高等師範学校図画手工専修科卒業生による手工科担当師範学校教員の供給」では、手工科の教員免許状取得者が他の方法に比して特段に多かった東京美術学校図画師範科と東京高等師範学校図画手工専修科の全卒業生の勤務先動向と師範学校、中学校、高等女学校における担当学科目の分析を行い、手工科担当師範学校教員の供給における両科の量的役割について考察する。

　東京美術学校図画師範科は、教員免許状取得という面においては、相当程度大きな役割を果たしていたけれども、少なくとも1919（大正8）年までは、手工科担当師範学校教員の供給という点では事実としてほとんど機能しておらず、師範学校、中学校、高等女学校の図画科教員の供給が中心であった（第2章）。

　これに対して、東京高等師範学校図画手工専修科は、1912（大正2）年から1937（昭和12）年までの4半世紀の間、毎年40名から50名の卒業生が師範学校で手工科を担当するなど、手工科担当師範学校教員の養成にとって量的に相当程度大きな役割を果たしていた（第3章）。

　第4章および第5章では、本研究の第2の意図である東京高等師範学校図画手工専修科における手工科教育の質的特徴について検討する。

　第4章「東京高等師範学校図画手工専修科における教員構成と学科課程」では、東京高等師範学校図画手工専修科における教員構成および学科課程の分析

を行い、同専修科における教員構成とそれら人的構成に含まれる若干の特質、および学科課程の特徴について考察する。

東京高等師範学校図画手工専修科における手工科担当師範学校教員の養成は、上原六四郎、岡山秀吉、阿部七五三吉を中心として教員養成の人的条件という点で、充実した恵まれた教育環境のもとで営まれていた。

他方、そこでの学科課程においては、手工科および図画科に全授業時数の過半数が充てられ、そのなかでも、手工科は、図画科よりも常に多くの授業時数が配当されていた。加えて、手工科は、授業時数の大半を実習に充てることになっており、実習を中心に行うこととされていた。反面、約3カ月にわたる教育実習や、数学および物理が、一貫して学科課程の中に位置づけられ、手工科担当師範学校教員になるうえで欠かせないも必須のものとして重視されていた。

第5章「東京高等師範学校図画手工専修科における手工科担当師範学校教員の養成の営み」では、東京高等師範学校図画手工専修科の学科課程において、授業時数の大半が配当されていた手工科の実習の内容的な特徴の諸側面について、同専修科の手工科専任教授であった上原、岡山、阿部が執筆担当した師範学校手工科用の検定教科書を分析し、そこから推定できる同専修科における手工科教育の内容的な特徴の諸側面について考察する。

師範学校手工科用検定教科書における手工科の実習の内容と教授法、および手工科教育の目的論は、まさに工業分野の技術を学ばせ、労働の価値や労働の世界を理解させるための手ほどきであった。そして、こうした文脈において、東京高等師範学校図画手工専修科における手工科教育の実際は、一方では、広範な分野について、各分野に関わる材料の特性と用途、道具類のしくみと原理ならびに操作法、および加工法などのそれぞれの事項を、しかも、「木工」と「金工」においては、道具ばかりでなく工作機械を含んだ内容に精通させることが図られるとともに、他方で、実際の製品の製作に必要な作業とそれに関わる知識を、製作過程の分析にもとづいて抽出し、それらを系統的に排列しつつ、生徒の興味関心を考慮して総合し、再度、授業のなかで教材として製作するべき製品に構成することに精通することが図られていた。

　最後に、結章「手工科担当師範学校教員の養成における東京高等師範学校図画手工専修科の役割と意義」では、以上の章を総括し、手工科担当師範学校教員の養成における東京高等師範学校図画手工専修科の役割と技術教育教員養成史上の意義を明らかにする。

注
1)　陣内靖彦「教員養成制度」『教育学用語辞典（第四版）』学文社、2006年5月、P.70。
2)　教育職員養成審議会「養成と採用・研修との連携の円滑化について（第三次答申）」1999年12月10日。
3)　国立の教員養成系大学・学部の在り方に関する懇談会「今後の国立の教員養成大学・学部の在り方について」2001年11月22日。
4)　中央教育審議会「教職生活の全体を通じた教員の資質能力の総合的な向上方策について（答申）」2012年8月28日。
5)　中央教育審議会「これからの学校教育を担う教員の資質能力の向上について ― 学び合い、高め合う教員育成コミュニティの構築に向けて ―（答申）」2015年12月21日。
6)　丸山恭司・尾川満宏・森下真実編『教員養成を担う ―「先生の先生になる」ための学びとキャリア』渓水社、2019年。
7)　大学における教員養成の歴史を正面から取り上げたTEES研究会編『『大学における教員養成』の歴史的研究 ― 戦後「教育学部」史研究』（学文社、2001年）においても、「アカデミズムの呪縛と陥穽」を戦後日本の教育学部の課題としてあげ、このことが「大学の中に十全に位置づくことのないまま、基本的には外的な規定要因の変化におおむね従属する形で推移してきた」（p.415）と結論づけている。しかし、同書では、「『教育学部』において教職専門科目を担当するスタッフの養成に関する問題」については、未解明の問題の1つとして取り上げ、「大学院における教育学研究者養成教育は、教員養成のスタッフを養成するという目的からは著しく乖離している場合が多く、このことが『教育学部』における『アカデミズムの呪縛』を拡大再生産してきたのではあるまいか。」（p.420）と問題提起のみにとどまっている。
8)　武田信子「巻頭言」『武蔵大学教職課程年報』第24号、2010年、p.3。
9)　同上
10)　細谷俊夫『技術教育 ― 成立と課題 ―』目黒書店、1944年、pp.1-10・長谷川淳「技術教育」『世界大百科事典』第7巻、平凡社、1974年、pp.137-140・須藤敏昭「技術教育」『新版　教育小辞典』学陽書房、2002年、pp.57-58を参照。
11)　堀尾輝久「国民教育における『教養』の問題」『現代教育の思想と構造』岩波書店、1971年、

pp.344-380・「普通教育」五十嵐顕・大田堯・山住正巳・堀尾輝久編『教育小辞典』岩波書店、1982 年、p.229・寺崎昌男「普通教育」『新版　教育小辞典』学陽書房、2002 年、p.264 を参照。

12) 田中喜美「現代における普通教育としての技術教育の同時代像」『国民教育におけるテクノロジー・リテラシー育成の教育課程開発に関する総合的比較研究』文部省科学研究費補助金基盤研究 A、課題番号 06301033、研究成果報告書、1997 年 3 月、pp.1-10。

13) 原正敏「図画工作教育とは何か」『図工科教育の理論と実際』国土社、1983 年、pp.27-28。

14) 同上書、p.30。

15) 疋田祥人「技術科担当教員の養成」『技術科教育』一藝社、2014 年、p.78。

16) 田中喜美「日本の小・中・高校生の技術教育の現状と今後 ― 諸外国の動向と比較して ―」『設計工学』第 36 巻第 9 号、2001 年、p.392。

17) 細谷俊夫、前掲 10）、p.131。

18) ここであげた 6 つの教員養成システム以外にも、高等師範学校の理科（1894 年〜 1898 年）、同理化数学部（1898 年〜 1900 年）、同第三学部（1900 年〜 1903 年）、および東京高等師範学校や広島高等師範学校の数物化学部（1903 年〜 1915 年）、同理科第二部（1915 年〜）でも、生徒に手工科を課して、卒業時に手工科の教員免許状を取得できるようになっていた。しかし、これらの学部・学科では、「専ら数物化学の補助学科たる方面に力を注ぎ、手工教員たる資格は特に成績の優秀なるものに限り与ふることとした」（東京文理科大学編『創立六十年』東京文理科大学、1931 年、p.257）とされており、手工科教員免許状を取得した者は相当程度限られていたとみることができる。

19) 東京文理科大学編『創立六十年』東京文理科大学、1931 年、p.49。

20) 芸術研究振興財団・東京芸術大学百年史刊行委員会編『東京芸術大学百年史 ― 東京美術学校編』第 2 巻、ぎょうせい、1992 年、p.376。

21)「東京美術学校規則」（1907 年 7 月改正）。

22) 中島太郎編『教員養成の研究』第一法規出版、1961 年。

23) 同上書、p.150。

24) 同上。

25) 同上書、p.160。

26) 寺崎昌男・「文検」研究会編『『文検』試験問題の研究 ― 戦前中等教員に期待された専門・教職教養と学習 ―』学文社、2003 年。

27) 同上書、p.4。

28) 寺崎昌男・「文検」研究会編『『文検』の研究 ― 文部省教員検定試験と戦前教育学 ―』学文社、1997 年。

29) 同上書、p.17。

30) 佐々木啓子『戦前期女子高等教育の量的拡大過程 ― 政府・生徒・学校のダイナミクス ―』東京大学出版会、2002 年。

31）船寄俊雄・無試験検定研究会編『近代日本中等教員養成に果たした私学の役割に関する歴史的研究』学文社、2005 年。

32）同上書、p.12。

33）同上書、p.13。

34）森下一期「手工科教員養成における東京工業学校の役割」『技術教育学研究』第 6 号、1990 年、pp.39-54。

35）同上書、p.56。

36）同上書、p.46。

37）同上書、p.42。

38）同上書、p.47。

39）同上。

40）同上書、p.49。

41）同上書、p.48。

42）同上書、p.44。

43）同上書、p.52。

44）宮崎擴道・澤本章・平田晴路「戦前における手工科の中等教員養成制度について」『山口大学研究論叢』第 60 巻第 3 部、2010 年、pp.169-178。

45）同上書、p.175。

46）同上。

47）同上。

48）手工科担当師範学校教員の養成に関しては、その他に、宮崎擴道・平田晴路「手工科及び作業科中等教員の養成について」（『山口大学研究論叢』第 54 巻第 3 部、2004 年、pp.83-99）がある。ここで、宮崎・平田は、直接養成機関の 1 つであった第二臨時教員養成所図画手工科における教員養成について言及している。宮崎・平田によれば、第二臨時教員養成所図画手工科は、「東京高等師範学校に先んじて附属中学校に手工科を置いた点では先進的であり教授陣、設備とも整っていた」（p.95）とされる広島高等師範学校に附設された。また、同科の卒業生は、師範学校、中学校、高等女学校に赴任する者が多く、全国各地に拡散していたけれども、最終的に 1 期 23 名の卒業者を出したのみで「使命を閉じた」（p.96）とされている。

49）高等師範学校の学科課程については、濱田正「高等師範学校における学科課程についての歴史的再検討」（『青山学院大学教育学会紀要　教育研究』第 38 号、1994 年、pp.55-66）がある。濱田は、高等師範学校における教員養成の特徴ついて、「各高等師範学校の学科課程が、文科・理科の学科教育を基本としながらも、教育学や教育史など教職的科目を中心とする教職教育と実地授業（教授練習）・教育演習（実地教育）などと呼ばれた教育実習に比重を置いて、中等教員の資質能力を養成する」（p.62）ことにあったとしている。

50）上里正男「導入期の手工教育理論」『日本産業技術教育学会誌』第 22 巻第 2 号、1980 年、pp.137-145.

51）菅生均「上原六四郎の手工教育観に関する一考察」『大学美術教育学会誌』第 22 号、1990 年、pp.1-10。

52）平舘善明『教材にみる岡山秀吉の手工科教育論の特質と意義 — 戦前日本の手工科教育論の到達水準の探求 —』学文社、2016 年。

53）上里正男、前掲 50）、p.143。

54）菅生均、前掲 51）、p.6-7。

55）同上書、p.7.

56）同上。

57）平舘善明、前掲 52）、p.68。

58）同上書、p.69。

59）佐々木享「手工教育の確立者・岡山秀吉の前半生」『専修自然科学研究会会報』No. 20、1976 年、pp.7-20。

60）菅生均「岡山秀吉の手工教育価値分析に関する一考察」『熊本大学教育学部紀要』人文科学、第 33 号、1984 年、pp.99-110。

61）川村侔「岡山秀吉の千葉県尋常師範学校時代における手工科教育課程の構想」『東京学芸大学紀要』第 6 部門第 50 集、1998 年、pp.29-36。

62）佐々木享、前掲 59）、p.8。

63）同上書、pp.8-9。

64）平舘善明、前掲 52）、p.144。

65）同上書、p.259

66）平野英史「阿部七五三吉の手工教育論に於ける創作概念の推移 — 石野隆との論争などから —」『美術教育学』第 29 号、2008 年、pp.473-486。

67）平野英史「阿部七五三吉の手工教育論 — 明治 40 年頃から大正 10 年頃までの著作・論文に見られる教授方法に関する主張から —」『美術教育学』第 31 号、2010 年、pp.305-317。

68）平野英史「阿部七五三吉の手工教育論における教科課程の研究」『美術教育学』第 32 号、2011 年、pp.381-392。

69）平野英史「阿部七五三吉による手工教育の実践的展開 — 岡山秀吉の尋常小学校教科課程案との比較を中心として —」『美術教育学』第 33 号、2012 年、pp.389-399。

70）平野英史、前掲 68）、p.391。

71）平野英史、前掲 66）、p.477。

72）平野英史、前掲 67）、p.315。

73）同上。

74）同上。

75）筑波大学附属図書館または国立国会図書館所蔵。

76）国立国会図書館所蔵。

77）坂口謙一「戦前わが国諸学校における『実業教科』の検定教科書一覧―1940年代初頭
　　までの手工科、工業科、商業科系、実業科（商業）教科書―」『技術教育学研究』第8号、
　　1993年、pp.149-181。

第1章

手工科担当師範学校教員の養成
における直接養成と間接養成

はじめに

　前章で述べたように、戦前日本の師範学校、中学校、高等女学校の教員については、当該学校教員の資格を有することを証明する免許状を授与し、免許状保持者のなかから、教員を任用するとされる「教員免許状制度」が採用されていた[1]。

　この教員免許状を取得するためには、教員養成を目的とする官立学校を卒業すること（いわゆる直接養成）と教員検定に合格すること（いわゆる間接養成）の2つの方法があり、さらに教員検定は試験検定と無試験検定の2つに分けられていた。

　試験検定とは国が学力試験、身体検査等で被検定者に直接接することによって、教員の適格性を判定する方式である。

　また、無試験検定とは国が被検定者の提出した学校の卒業証書、学力証明書等を通し、検定条件を満たしているか否かを確認する方式である。政府が指定あるいは許可した官立、公立、私立学校卒業者の内、免許取得に必要な学科目を修了している等、ある一定条件を満たしている者は試験を行わずして教員免許状を取得できるようになっていた。

　そして、このような師範学校、中学校、高等女学校の教員免許状取得方法から、手工科担当師範学校教員の養成方法は、①高等師範学校理化学科、東京高等師範学校図画手工専修科、東京美術学校図画師範科、第二臨時教員養成所図画手工科などによる直接養成、②試験検定に合格すること、③無試験検定に合

●直接養成
　　教員養成を目的とする官立学校を卒業すること
　　・高等師範学校理化学科
　　・東京高等師範学校図画手工専修科（高等師範学校手工専修科）
　　・東京美術学校図画師範科
　　・第二臨時教員養成所図画手工科　　　　　　　　　　　　　など

　　　　　　　　　　　　・試験検定
　　　　　　　　　　　　　文部省が学力試験、身体検査等で教員の適格性を
　　　　　　　　　　　　　判定する
　　　　　　　　　　　　・無試験検定
●間接養成　　　　　　　　　文部省が指定あるいは許可した学校の卒業生につ
　　教員検定に合格すること　いて、文部省が卒業証書、学力証明書等で検定条
　　　　　　　　　　　　　件を満たしているか否かを判定する
　　　　　　　　　　　　　・東京工業学校機械科特別生卒業生
　　　　　　　　　　　　　・東京工業学校卒業生
　　　　　　　　　　　　　・工業教員養成所卒業生
　　　　　　　　　　　　　・元東京職工学校卒業生　　　　　　など

図 1-1　手工科担当師範学校教員の養成システム

格することの 3 方式に区分できる（図 1-1 参照）。

　本章では、こうした直接養成と間接養成、および間接養成のうちの試験検定と無試験検定による手工科の教員免許状の取得状況をたどることによって、手工科担当師範学校教員の養成における直接養成と間接養成、および間接養成のうちの試験検定と無試験検定の関係を明らかにし、師範学校手工科担当教員の養成の特徴について検討を行う。

　なお、師範学校手工科の教員免許状は、高等師範学校の理科（1894 年～ 1898 年）、同理化数学部（1898 年～ 1900 年）、同第三学部（1900 年～ 1903 年）、および東京高等師範学校や広島高等師範学校の数物化学部（1903 年～ 1915 年）、同理科第二部（1915 年～）などの高等師範学校の学部や学科でも直接養成として取得可能となっていた。しかし、これらの学部や学科では、「専ら数物化学の補助学科たる方面に力を注ぎ、手工教員たるの資格は特に成績の優秀なるものに限り与ふることとした」[2] とされており、教員免許状を取

得した者が一部の者に限られていたとみることができるため、ここでは取り扱わないこととする。

　また、試験検定と無試験検定については、試験に合格しても、手数料を納めて文部省に申請をしないと教員免許状が授与されなかったため、必ずしも合格者数と教員免許状取得者は一致しているとはいえない。

第1節　直接養成における手工科担当師範学校教員の養成

1. 高等師範学校理化学科卒業生の手工科教員免許状取得状況

　高等師範学校に理化学科が設置されるのは、尋常師範学校の学科目に手工科が設置された1886（明治19）年のことである。同年、「高等師範学校ノ学科及其程度」（文部省令第17号）が改正され、高等師範学校に理化学科が設置され、同学科の生徒に、「物理・化学の補助学科として、又手工科教員養成のため」[3]に手工科を課して師範学校手工科の教員免許状を取得できるようにした。

　理化学科の修業年限は3年とされ、1889（明治22）年に7名の卒業生を出

表 1-1　高等師範学校理化学科の卒業生数

年	入学・卒業の状況	卒業生数
1886（明治19）年	理化学科設置・入学（第1期）	0
1887（明治20）年		0
1888（明治21）年		0
1889（明治22）年	卒業　　　　入学（第2期）	7
1890（明治23）年		0
1891（明治24）年		0
1892（明治25）年	入学（第3期）　　　　卒業	19
1893（明治26）年	入学（第4期）	0
1894（明治27）年		0
1895（明治28）年	卒業	10
1896（明治29）年	卒業・理化学科廃止	10
計		46

注：各年度の『高等師範学校一覧』より作成。

したが、理化学科は、同学科と同時に設置された博物学科と文学科とで、1年ごとに「順次に一分科づつ入学せしめ」[4]ていくことになっていたため、その後は 1892（明治 25）年に 19 名、1895（明治 28）年に 10 名と、3 年おきに卒業生を出すこととなった（表 1-1 参照）。

また、1893（明治 26）年からは理化学科、博物学科、文学科の 3 学科の生徒を同時に募集していくことになり、修業年限も 4 年に延長された。しかし、「学年延長の結果、二十九年には一人の卒業生も出さず、教育界の需要を充たす能はざる」[5]ことから、理化学科の入学生は 3 年で卒業させる措置がとられ、1896（明治 29）年に 10 名の卒業生を出した。

そして、1894（明治 27）年には、「高等師範学校規程」（文部省令第 169 号）により高等師範学校は文科および理科の 2 分科制になることが決まり、同年以降は入学生をとらなくなったため、理化学科の卒業生はこれが最後となった（表 1-1 参照）。

このように、高等師範学校理化学科は、合計 46 名の卒業生を出しており、これらの卒業生には、在学中に手工科が課され、師範学校手工科の教員免許状を取得できるようになっていたとされている。

ところが、こうした 46 名の理化学科卒業生全員が、教員養成を目的とする官立学校を卒業するという直接養成の方法によって、卒業後すぐに師範学校手工科の教員免許状を取得していたとは考えにくい。

なぜなら、1886（明治 19）年に制定された「尋常師範学校尋常中学校及高等女学校教員免許規則」（文部省令第 21 号）によると、「尋常師範学校尋常中学校及高等女学校教員免許状ハ高等師範学校卒業生及丁年以上ニシテ文部省ノ検定ヲ経タルモノニ之ヲ授与スルモノトス」（第 1 条）と規定され、高等師範学校卒業生であれば尋常師範学校の教員免許状を取得することができるとされていた。

しかし、高等師範学校理化学科は、「諸般の準備を整へ」[6]ていたため、実際に教授を開始したのは 1890（明治 23）年 4 月からとされており、手工科教授が開始されていない 1889（明治 22）年の卒業生 7 名が実際に手工科の教員免許状を取得していたとは考えにくい。

　また、1892（明治25）年7月制定の「尋常師範学校教員免許規則」（文部省令第13号）では「尋常師範学校教員免許状ハ文部省ノ検定ニ合格シタル者ニ授与スルモノトス」（第1条）とされ、高等師範学校卒業生も原則として教員検定を受けなければならなくなった。したがって、1895（明治28）年の卒業生10名および1896（明治29）年の卒業生10名は、教員検定によって教員免許状を取得していたことになる。

　以上のように、高等師範学校理化学科においては合計46名の卒業生が出されているものの、直接養成の方法により、卒業後すぐに手工科の教員免許状を取得していたのは1892（明治25）年の卒業生19名のみであったと考えられる。

2. 東京高等師範学校図画手工専修科卒業生の手工科教員免許状取得状況

　高等師範学校に手工専修科が設置されたのは、1899（明治32）年のことである。

　1896（明治29）年に制定された「尋常師範学校尋常中学校高等女学校教員免許規則」（文部省令第12号）によると、高等師範学校専修科卒業生については「文部大臣ノ適当ト認ムル学科目ニ限リ当該学校長ノ稟申ニ依リ教員免許状ヲ授与ス」（第1条）とされており、主たる目的を師範学校の手工科教員および師範学校、中学校、高等女学校の図画科教員を養成することとしていた手工専修科の卒業生には手工科および図画科の教員免許状が与えられていた。

　また、「わが国の中等教員資格制度を確立したもの」[7]としてとらえられる1900（明治33）年に制定された「教員免許令」（勅令第134号）においても、「教員養成ノ目的ヲ以テ設置シタル官立学校ノ卒業者」には教員免許状が授与されるとされ（第3条）、手工専修科と同様に、主たる目的が師範学校の手工科教員および師範学校、中学校、高等女学校の図画科教員の養成にあった図画手工専修科の卒業生には、手工科と図画科の教員免許状が与えられていた。

　手工専修科の修業年限は、当初は2年と1学期分とされていたけれども、すぐに2年に短縮されることとなり、1901（明治34）年に第1期生となる最初の卒業生20名が卒業した（表1-2参照）。

表 1-2　東京高等師範学校図画手工専修科の卒業生数

年	入学・卒業の状況	卒業生数
1899（明治 32）年	手工専修科設置・入学（第 1 期）	0
1900（明治 33）年		0
1901（明治 34）年	卒業	20
1902（明治 35）年		-
1903（明治 36）年		-
1904（明治 37）年		-
1905（明治 38）年		-
1906（明治 39）年	図画手工専修科設置・入学（第 2 期）	0
1907（明治 40）年		0
1908（明治 41）年	卒業　　設置・入学（第 3 期）	22
1909（明治 42）年		0
1910（明治 43）年		0
1911（明治 44）年	卒業　　設置・入学（第 4 期）	21
1912（大正 元）年		0
1913（大正 2）年		0
1914（大正 3）年	卒業	24
1915（大正 4）年		-
1916（大正 5）年		-
1917（大正 6）年		-
1918（大正 7）年		-
1919（大正 8）年	設置・入学（第 5 期）	0
1920（大正 9）年		0
1921（大正 10）年		0
1922（大正 11）年	卒業　　設置・入学（第 6 期）	18
1923（大正 12）年		0
1924（大正 13）年		0
1925（大正 14）年	卒業　　設置・入学（第 7 期）	19
1926（大正 15）年		0
1927（昭和 2）年		0
1928（昭和 3）年	設置・入学（第 8 期）　　卒業	24
1929（昭和 4）年		0
1930（昭和 5）年		0
1931（昭和 6）年	卒業　　設置・入学（第 9 期）	24
1932（昭和 7）年		0
1933（昭和 8）年		0
1934（昭和 9）年	卒業　　設置・入学（第 10 期）	23
1935（昭和 10）年		0
1936（昭和 11）年		0
1937（昭和 12）年	設置・入学（第 11 期）　　卒業	21
1938（昭和 13）年		0
1939（昭和 14）年		0
1940（昭和 15）年	卒業	29
1941（昭和 16）年		0
計	（設置回数 11 回）	245

注：各年度の『高等師範学校一覧』および『東京高等師範学校一覧』より作成。

　そして、前章で述べたように、専修科は、師範学校、中学校、高等女学校の教員不足を補うために必要となる場合に設置されるものであったため、その後の手工専修科ないし図画手工専修科は、その時々の状況によって臨時的に設置されていくことになる。

　1906（明治39）年4月には手工専修科は図画手工専修科へと改称されて設置された。修業年限は手工専修科と同様に2年とされ、1908（明治41）年に第2期生22名が卒業した（表1-2参照）。

　また、1908（明治41）年に設置された図画手工専修科からは修業年限が3年に延長され、1911（明治44）年に第3期生21名が、また1914（大正3）年には1911（明治44）年に設置された第4期生24名が卒業した（表1-2参照）。

　その後、「日露戦争の影響で国家経済が膨張し、政府は諸般の事業の緊縮を計った」[8]ため、しばらくの間、図画手工専修科は設置されなくなってしまったけれども、1919（大正8）年以降、再び東京高等師範学校に図画手工専修科が設置されることになった。

　1919（大正8）年に設置された図画手工専修科の修業年限は、従前の通り3年とされ、1922（大正11）年に第5期生となる18名が卒業した。また、これ以降も図画手工専修科は3年おきに設置され、約20名ずつの卒業生を出していた（表1-2参照）。

　このように、高等師範学校手工専修科および東京高等師範学校図画手工専修科は、1941（昭和16）年までに通算11回設置され、合計で245名の卒業生が手工科の教員免許状を取得していた。

3. 東京美術学校図画師範科卒業生の手工科教員免許状取得状況

　東京美術学校設立（1887年）当初、普通科で2年間学び、卒業後に特別課程で1年間教職課程を履修した者が、文部省の教員検定試験を受験し、その合格者が図画科の教員免許状を得ることができた。

　その後、1892（明治25）年からは、絵画科、1896（明治29）年からは、日

表 1-3　東京美術学校図画師範科の卒業生数

年	入学・卒業の状況	卒業生数
1907（明治 40）年	図画師範科設置・入学（第 1 期）	0
1908（明治 41）年	入学（第 2 期）	0
1909（明治 42）年	入学（第 3 期）	0
1910（明治 43）年	卒業　　　　　　　　　　　入学（第 4 期）	18
1911（明治 44）年	入学（第 5 期）　　卒業	16
1912（大正 元）年	入学（第 6 期）　　卒業	21
1913（大正　2）年	入学（第 7 期）　　卒業	18
1914（大正　3）年	卒業　　　　入学（第 8 期）	20
1915（大正　4）年	卒業　　　　入学（第 9 期）	16
1916（大正　5）年	卒業　　　　入学（第 10 期）	16
1917（大正　6）年	入学（第 11 期）　　卒業	22
1918（大正　7）年	入学（第 12 期）　　卒業	18
1919（大正　8）年	入学（第 13 期）　　卒業	15
1920（大正　9）年	卒業　　　　入学（第 14 期）	15
1921（大正 10）年	卒業　　　　入学（第 15 期）	22
1922（大正 11）年	卒業　　　　入学（第 16 期）	19
1923（大正 12）年	入学（第 17 期）　　卒業	20
1924（大正 13）年	入学（第 18 期）　　卒業	22
1925（大正 14）年	入学（第 19 期）　　卒業	22
1926（大正 15）年	卒業　　　　入学（第 20 期）	26
1927（昭和　2）年	卒業　　　　入学（第 21 期）	25
1928（昭和　3）年	卒業　　　　入学（第 22 期）	18
1929（昭和　4）年	入学（第 23 期）　　卒業	23
1930（昭和　5）年	入学（第 24 期）　　卒業	22
1931（昭和　6）年	入学（第 25 期）　　卒業	20
1932（昭和　7）年	卒業　　　　入学（第 26 期）	22
1933（昭和　8）年	卒業　　　　入学（第 27 期）	22
1934（昭和　9）年	卒業　　　　入学（第 28 期）	23
1935（昭和 10）年	入学（第 29 期）　　卒業	20
1936（昭和 11）年	入学（第 30 期）　　卒業	15
1937（昭和 12）年	入学（第 31 期）　　卒業	14
1938（昭和 13）年	卒業　　　　入学（第 32 期）	14
1939（昭和 14）年	卒業	17
1940（昭和 15）年	卒業	11
1941（昭和 16）年	卒業	13
計		605

注：各年度の『東京美術学校一覧』より作成。

本画科、西洋画科、図案科において5年間学び、その間に「用器画法」と「教育学」を履修した者が、教員検定によって、図画科の教員免許状を取得できた。

また、1892（明治25）年に設置された図画講習科の卒業生も教員検定によって、図画科の教員免許状を取得できるようにした。しかし、図画講習科の学科目は、「絵画科の従属的なものであって、絵画科とのカリキュラムの違いは第3年次の新案の時間に毎週3時間の教育学を履修するだけであり、他の学科目は専門技術者のそれと同じ」[9]であった。このように、東京美術学校では、絵画科、西洋画科、図案科、図画講習科などで、専門教育に従属するかたちで、図画科の教員養成が行われていた。

これに対して、1907（明治40）年には、「本校における中等教員養成が本格化した」[10]とされる図画師範科が東京美術学校に設置された。

図画師範科の目的は、主に師範学校、中学校、高等女学校の図画科の教員を養成することにあったが、学科目中に手工科が加えられ、「教員免許令」（勅令第134号）第3条の規定によって、すべての卒業生に、図画科のほかに、手工科の教員免許状も与えられることになっていた。

図画師範科の修業年限は3年とされ、1910（明治43）年に第1期生となる卒業生18名が出た。また、図画師範科は、生徒を毎年募集していたため、その後毎年20名前後の卒業生を出した（表1-3参照）。

そして、1910（明治43）年から1941（昭和16）年の間に通算で32回卒業生を輩出し、合計605名の卒業生が手工科の教員免許状を取得した（表1-3参照）。

4. 第二臨時教員養成所図画手工科卒業生の手工科教員免許状取得状況

臨時教員養成所において手工科担当師範学校教員の養成を行っていたのは、1922（大正11）年から広島高等師範学校に附設された第二臨時教員養成所であった。同養成所は第一次世界大戦後に「わが国内の諸事情によって、教育の重要性がさらに認識されるに至り、中等学校以上の諸学校の拡張政策がとられた。そこで中等学校の増設による中等教員の不足」[11]が問題となり設置された

養成所である。附設された当初は英語科、物理化学科、博物科の 3 科のみが設置されていた。1923（大正 12）年には、国語漢文科、歴史地理科および数学科、そして、1930（昭和 5）年に図画手工科が設置された。

　図画手工科は、師範学校の手工科や師範学校、中学校、高等女学校の図画科教員の養成を主な目的としており、「教員免許令」（勅令第 134 号）第 3 条の規定によって、すべての卒業生に、手工科と図画科の教員免許状が与えられた。

　そして、修業年限は 3 年とされ、1933（昭和 8）年に 23 名の卒業生が、手工科の教員免許状を取得した（表 1-4 参照）。

表 1-4　第二臨時教員養成所図画手工科の卒業生数

年	入学・卒業の状況	卒業生数
1930（昭和 5）年	図画手工科設置・入学（第 1 期）	0
1931（昭和 6）年		0
1932（昭和 7）年		0
1933（昭和 8）年	↓ 卒業・図画手工科廃止	23
計		23

注：各年度の『広島高等師範学校　第二臨時教員養成所一覧』より作成。

　しかしながら、同年 3 月 31 日限りで第二臨時教員養成所は廃止され、図画手工科の卒業生は 1 回のみとなった。

　このように、第二臨時教員養成所図画手工科は、わずか 1 回卒業生を輩出しただけで廃止されてしまったが、23 名の卒業生が手工科の教員免許状を取得していた。

第 2 節　間接養成における手工科担当師範学校教員の養成

1. 試験検定における手工科教員免許状取得状況

　師範学校に手工科が設置された当初の 1890 年代の終わり、試験検定出願者数はわずかに一桁で合格者もその半数以下であった。そして、1900（明治 33）

年および1901（明治34）年には出願者数がいなかったけれども、1905（明治38）年からは、徐々に増加する傾向になっていった。そして、1905（明治38）年には17名の出願者であったのが、1940（昭和15）年には140名になった（表1-5参照）。

　合格者については、1923（大正12）年までは一桁しか合格しない時期が長く続いていた。1924（大正13）年になって、ようやく10名以上の合格者が出たけれども、それでも多くて35名と、出願者の25%以上の合格者が出ることはなかった。これは、手工科の試験検定においても合格することはかなり難しく、難関であったということがわかる。しかしながら、それでも試験検定は出願者、合格者がコンスタントにいたため、1895（明治28）年から1940（昭和15）年までに2,727名が出願し、387名が合格した（表1-5参照）。

2. 無試験検定における手工科教員免許状取得状況

　他方で、無試験検定は1895（明治28）年には、東京工業学校機械科特別生の卒業生がいたことや、前述したように1892（明治25）年制定の「尋常師範学校教員免許規則」（文部省令第13号）においては直接養成という考え方は存在せず、高等師範学校理化学科卒業生も無試験検定によって教員免許状を取得しなければならなかったことから、13名の出願者があった（表1-5参照）。

　また、1898（明治31）年と1899（明治32）年には15名の出願者があった。これには、1896（明治29）年制定の「尋常師範学校尋常中学校高等女学校教員免許規則」（文部省令第12号）第十条において示された学校名により東京工業学校卒業生、工業教員養成所卒業生、元東京職工学校卒業生が含まれるものと考えられる。

　そして、こうした1890年代終わりの無試験検定合格率は、試験検定の合格率よりも常に高く、特に1896（明治29）年から1899（明治32）年は出願者の100%が合格していた（表1-5参照）。

　しかし、1905（明治38）年から1932（昭和7）年までの間、無試験検定に出願する者がほとんどいない状況となり、無試験検定に出願する者は、1928

表 1-5　手工科担当師範学校教員の間接養成における出願者数・合格者数

	試験検定						無試験検定					
	出願者数			本試験合格者数（下段：合格率）			出願者数			本試験合格者数（下段：合格率）		
	男	女	合計	男	女	合計	男	女	合計	男	女	合計
1895（明治28）年	2	0	2	0 (0.0)	－ (－)	0 (0.0)	13	0	13	5 (38.5)	－ (－)	5 (38.5)
1896（明治29）年	7	0	7	2 (28.6)	－ (－)	2 (28.6)	1	0	1	1 (100)	－ (－)	1 (100)
1897（明治30）年	2	0	2	1 (50.0)	－ (－)	1 (50.0)	3	0	3	3 (100)	－ (－)	3 (100)
1898（明治31）年	5	0	5	2 (40.0)	－ (－)	2 (40.0)	15	0	15	15 (100)	－ (－)	15 (100)
1899（明治32）年	7	0	7	3 (42.9)	－ (－)	3 (42.9)	15	0	15	15 (100)	－ (－)	15 (100)
1900（明治33）年	0	0	0	－ (－)	－ (－)	－ (－)	10	0	10	7 (70.0)	－ (－)	7 (70.0)
1901（明治34）年	0	0	0	－ (－)	－ (－)	－ (－)	1	0	1	1 (100)	－ (－)	1 (100)
1902（明治35）年												
1903（明治36）年												
1904（明治37）年												
1905（明治38）年	17	0	17	3 (17.6)	－ (－)	3 (17.6)	0	0	0	－ (－)	－ (－)	－ (－)
1906（明治39）年	22	0	22	2 (9.1)	－ (－)	2 (9.1)	0	0	0	－ (－)	－ (－)	－ (－)
1907（明治40）年	30	0	30	6 (20.0)	－ (－)	6 (20.0)	0	0	0	－ (－)	－ (－)	－ (－)
1908（明治41）年	37	0	37	4 (10.8)	－ (－)	4 (10.8)	0	0	0	－ (－)	－ (－)	－ (－)
1909（明治42）年	32	0	32	4 (12.5)	－ (－)	4 (12.5)	0	0	0	－ (－)	－ (－)	－ (－)
1910（明治43）年	38	0	38	6 (15.8)	－ (－)	6 (15.8)	0	0	0	－ (－)	－ (－)	－ (－)
1911（明治44）年	35	0	35	4 (11.4)	－ (－)	4 (11.4)	0	0	0	－ (－)	－ (－)	－ (－)
1912（明治45）年	26	0	26	3 (11.5)	－ (－)	3 (11.5)	0	0	0	－ (－)	－ (－)	－ (－)
1913（大正 2）年	34	0	34	4 (11.8)	－ (－)	4 (11.8)	0	0	0	－ (－)	－ (－)	－ (－)
1914（大正 3）年	29	0	29	4 (13.8)	－ (－)	4 (13.8)	0	0	0	－ (－)	－ (－)	－ (－)
1915（大正 4）年	26	0	26	4 (15.4)	－ (－)	4 (15.4)	0	0	0	－ (－)	－ (－)	－ (－)
1916（大正 5）年	26	0	26	2 (7.7)	－ (－)	2 (7.7)	0	0	0	－ (－)	－ (－)	－ (－)
1917（大正 6）年	33	0	33	4 (12.1)	－ (－)	4 (12.1)	0	0	0	－ (－)	－ (－)	－ (－)
1918（大正 7）年	25	0	25	5 (20.0)	－ (－)	5 (20.0)	0	0	0	－ (－)	－ (－)	－ (－)
1919（大正 8）年	28	0	28	5 (17.9)	－ (－)	5 (17.9)	0	0	0	－ (－)	－ (－)	－ (－)

年												
1920（大正 9）年	25	0	25	3	–	3	0	0	0	–	–	–
				(12.0)	(–)	(12.0)				(–)	(–)	(–)
1921（大正 10）年	49	0	49	8	–	8	0	0	0	–	–	–
				(16.3)	(–)	(16.3)				(–)	(–)	(–)
1922（大正 11）年	57	0	57	9	–	9	0	0	0	–	–	–
				(15.8)	(–)	(15.8)				(–)	(–)	(–)
1923（大正 12）年	68	0	68	9	–	9	0	0	0	–	–	–
				(13.2)	(–)	(13.2)				(–)	(–)	(–)
1924（大正 13）年	57	0	57	11	–	11	0	0	0	–	–	–
				(19.3)	(–)	(19.3)				(–)	(–)	(–)
1925（大正 14）年	56	0	56	13	–	13	0	0	0	–	–	–
				(23.2)	(–)	(23.2)				(–)	(–)	(–)
1926（大正 15）年	62	0	62	12	–	12	0	0	0	–	–	–
				(19.4)	(–)	(19.4)				(–)	(–)	(–)
1927（昭和 2）年	60	0	60	14	–	14	0	0	0	–	–	–
				(23.3)	(–)	(23.3)				(–)	(–)	(–)
1928（昭和 3）年	95	1	96	15	0	15	14	0	14	6	–	6
				(15.8)	(0.0)	(15.6)				(42.9)	(–)	(42.9)
1929（昭和 4）年	117	0	117	16	–	16	0	0	0	–	–	–
				(13.7)	(–)	(13.7)				(–)	(–)	(–)
1930（昭和 5）年	123	0	123	16	–	16	0	0	0	–	–	–
				(13.0)	(–)	(13.0)				(–)	(–)	(–)
1931（昭和 6）年	140	0	140	19	–	19	0	0	0	–	–	–
				(13.6)	(–)	(13.6)				(–)	(–)	(–)
1932（昭和 7）年	130	0	130	18	–	18	0	0	0	–	–	–
				(13.8)	(–)	(13.8)				(–)	(–)	(–)
1933（昭和 8）年	148	4	152	20	0	20	3	0	3	2	–	2
				(13.5)	(0.0)	(13.2)				(66.7)	(–)	(66.7)
1934（昭和 9）年	159	1	160	15	0	15	78	0	78	18	–	18
				(9.4)	(0.0)	(9.4)				(23.1)	(–)	(23.1)
1935（昭和 10）年	166	1	167	18	0	18	80	0	80	26	–	26
				(10.8)	(0.0)	(10.8)				(32.5)	(–)	(32.5)
1936（昭和 11）年	154	0	154	33	–	33	19	0	19	18	–	18
				(21.4)	(–)	(21.4)				(94.7)	(–)	(94.7)
1937（昭和 12）年	162	0	162	20	–	20	22	0	22	21	–	21
				(12.3)	(–)	(12.3)				(95.5)	(–)	(95.5)
1938（昭和 13）年	187	0	187	15	–	15	19	0	19	19	–	19
				(8.0)	(–)	(8.0)				(100)	(–)	(100)
1939（昭和 14）年	104	0	104	20	–	20	56	0	56	25	–	25
				(19.2)	(–)	(19.2)				(44.6)	(–)	(44.6)
1940（昭和 15）年	140	0	140	15	–	15	31	0	31	27	–	27
				(10.7)	(–)	(10.7)				(87.1)	(–)	(87.1)
累　計	2,720	7	2,727	387	0	387	380	0	380	209	–	209
				(14.2)	(0.0)	(14.2)				(55.0)	(–)	(55.0)

注：①各年度の『文部省年報』より作成。

②合格率（％）＝（本試験合格者数／受験者数）× 100 とする。

③1894（明治27）年以前および1902（明治35）年から1904（明治37）年は、『文部省年報』に教員検定の出願者数・合格者数について掲載されていないためこれを欠く。

（昭和 3）年の 14 名しかいなかった（表 1-5 参照）。これは、1900（明治 33）年に制定された「教員検定ニ関スル規程」（文部省令第 10 号）によって文部大臣が指定した官立学校、いわゆる指定学校の卒業生と文部大臣の許可を受けた公立、私立学校、いわゆる許可学校の卒業生が無試験検定の適用を受けることとなったけれども、1905（明治 38）年から 1932（昭和 7）年までは、手工科に関してその適用を受けた指定学校および許可学校がなかったためである。

　その後、1933（昭和 8）年 2 月の東京美術学校規則の改正により、それまで同校では「日本画科、西洋画科、図案科中の志望者に限り『教育学及心理学』、『用器画法』、『絵画及図案』等の教職科目を履修させた上で」[12] 無試験検定を受けて図画の教員免許状のみを取得できたけれども、全ての学科の者が教職科目を履修できることになった。これにより、同校の彫刻科と工芸科の彫金部、鍛金部、鋳金部、漆工部で在学中に教職科目を履修した者は、無試験検定手工科の指定を受けることとなり [13]、1934（昭和 9）年から、無試験検定の出願者数が 78 名と急増し、これ以降は毎年出願者がおり、20 名前後の者が合格することになった（表 1-5 参照）。

　このように、無試験検定は、指定もしくは許可された学校がない時期が長かったため、1895（明治 28）年から 1940（昭和 15）年までの受験者は計 380 名、そのうちの合格者は 209 名と試験検定に比して少数となっていた。

第 3 節　小括

　以上のように、戦前日本の手工科担当師範学校教員の養成は、高等師範学校理化学科、東京高等師範学校図画手工専修科、東京美術学校図画師範科、第二臨時教員養成所図画手工科などによる直接養成、試験検定、無試験検定の 3 方式で行われ、合計 1,488 名の者が手工科の教員免許状を取得していた。その内訳は、表 1-6 のようにまとめられる。

　直接養成によって手工科の教員免許状を取得したのは、少なくとも高等師範学校理化学科卒業生 19 名、東京高等師範学校図画手工専修科卒業生 245 名、東京美術学校図画師範科卒業生 605 名、第二臨時教員養成所図画手工科卒業

表 1-6　師範学校手工科の教員免許状取得者の取得方式別内訳

		取得者数	小計	合計
直接養成	高等師範学校理化学科	19	892	1,488
	東京高等師範学校図画手工専修科	245		
	東京美術学校図画師範科	605		
	第二臨時教員養成所図画手工科	23		
間接養成	試験検定	387	596	
	無試験検定	209		

生 23 名の合計 892 名いた（表 1-6 参照）。

　また、間接養成によって手工科の教員免許状を取得したのは合計 596 名で、そのうち試験検定による者が 387 名、無試験検定による者が 209 名であった（表 1-6 参照）。

　このように、手工科担当師範学校教員の養成に限って、直接養成における教員免許状取得状況と試験検定、無試験検定における出願者数、合格者数の推移をたどると少なくとも 3 点の特徴が指摘できる。

　第 1 に、直接養成と間接養成の関係について、師範学校の学科課程に手工科が設置されていた 1886（明治 19）年から 1941（昭和 16）年の間に、師範学校の手工科の教員免許状を取得したと思われるのは合計 1,488 名で、そのうち直接養成によるものは 892 名、間接養成によるものが 596 名であったという点である。戦前の師範学校、中学校、高等女学校教員の養成を全体的にみた場合、教員免許状を取得した者の 6 割以上が間接養成によるものであった。しかしながら、手工科の場合、それとはまったく対照的に手工科の教員免許状を取得した者のおよそ 6 割が直接養成による者であったといえる。

　第 2 に、直接養成における手工科教員免許状取得状況について、1886（明治 19）年より 1940（昭和 15）年まで直接養成による手工科の教員免許状を取得した 892 名のうち、東京美術学校図画師範科卒業生が 605 名、東京高等師範学校図画手工専修科卒業生が 245 名であったという点である。このことから、直接養成のなかでも、東京美術学校図画師範科と東京高等師範学校図画手工専修科が果たした役割は特段に高かったと考えることができる。

　そして第 3 に、試験検定と無試験検定の関係について、1895（明治 28）年

から 1940（昭和 15）年の間、間接養成おいて手工科の教員免許状を取得した者は 596 名で、その内試験検定が 387 名、無試験検定が 209 名という点である。このことは、1910 年代の終わりから拡大したとされる無試験検定の指定学校および許可学校が、手工科の場合には、1933（昭和 8）年までまったくなかったことが影響している。1933（昭和 8）年に東京美術学校彫刻科と工芸科の一部が指定されるけれども、それ以降も無試験検定合格者数が試験検定の合格者数を圧倒することはなく、ほぼ同数であった。

　つまり、戦前日本の師範学校で手工科を担当する教員の養成は、教員免許状取得という量的な面においては、直接養成の比重が他の方式に比べて相対的に高かった。しかも、直接養成で手工科の教員免許状を取得した 892 名のうち、東京美術学校図画師範科卒業生が 605 名、東京高等師範学校図画手工専修科卒業生が 245 名であり、これらの 2 つの養成機関で果たした役割が特段に高かったといえる。

　見方をかえれば、子どもたちの手工科教育の性格を大きく規定していくと考えられる師範学校の手工科の教員養成が、一方で、理化学科に由来し、上原六四郎、岡山秀吉、阿部七五三吉等、技術教育としての性格が濃いと考えられる東京高等師範学校と、他方で、美術教育的色彩が濃いと考えられる東京美術学校の 2 系列で行われていたとみることができる。

注
1）　中島太郎編『教員養成の研究』第一法規出版、1961 年。
2）　東京文理科大学編『創立六十年』東京文理科大学、1931 年、p.257。
3）　同上書、p.250。
4）　同上書、p.38。
5）　同上書、p.45。
6）　同上書、p.250。
7）　中島太郎編、前掲 1）、p.157。
8）　東京文理科大学編、前掲 2）、p.260。
9）　磯崎康彦・吉田千鶴子『東京美術学校の歴史』日本文教出版、1977 年、p.137。
10）芸術研究振興財団・東京芸術大学百年史刊行委員会編『東京芸術大学百年史 — 東京美術学校編』第 2 巻、ぎょうせい、1992 年、p.376。

11）広島高等師範学校創立八十周年記念事業会『追懐』広島高等師範学校創立八十周年記念事業会、1982 年、p.30。

12）磯崎康彦・吉田千鶴子、前掲 9）、p.264。

13）文部省大学学術局技術教育課編『専門学校資料　上・下』大空社、1998 年、p.118。

第2章

東京美術学校図画師範科による
手工科担当師範学校教員の供給

はじめに

　東京美術学校設立（1887年）当初、普通科で2年間学び、卒業後に特別課程で1年間教職課程を履修した者が、文部省の教員検定試験を受験し、その合格者が図画科の教員免許状を得ることができた。その後、1892（明治25）年からは、絵画科、1896（明治29）年からは、日本画科、西洋画科、図案科において、5年間学び、その間に用器画法と教育学を履修した者が、文部省の教員検定によって、図画科の教員免許状を取得できた。

　また、1892（明治25）年に設置された図画講習科の卒業生も教員検定によって、図画科の教員免許状を取得できるようにした。しかし、図画講習科の学科目は、「絵画科の従属的なものであって、絵画科とのカリキュラムの違いは第3年次の新案の時間に毎週3時間の教育学を履修するだけであり、他の学科目は専門技術者のそれと同じ」[1]であった。このように、東京美術学校では、絵画科、西洋画科、図案科、図画講習科などで、専門教育に従属するかたちで、図画科の教員養成が行われていた。

　これに対して、1907（明治40）年には、「本校における中等教員養成が本格化した」[2]とされる図画師範科が、東京美術学校に設置された。同師範科は、主として師範学校、中学校、高等女学校の図画科の教員を養成することを目的としていた。学科目は、倫理、教育学及教授法、美学及美術史、解剖学、図案法、自在画、幾何画法、手工、習字、英語、教授練習、体操とされ、第1学年および第2学年では、それぞれ毎週39時間中4時間、第3学年では毎週

39時間中2時間手工科が課されることになった。そして、卒業生には、図画
科のほかに、手工科の教員免許状が与えられ、第1期生が卒業した1910（明
治43）年から1941（昭和16）年までに、同師範科卒業生605名が、図画科
と手工科の教員免許状を取得した。

　前章では、こうした点から、東京美術学校図画師範科が、戦前日本の手工科
教員免許状取得者数という量的な面において最も大きな役割を果たしていたと
考えられた（第1章）。

　したがって、本章では、戦前日本において、手工科の教員免許状を取得した
卒業生が最も多い東京美術学校図画師範科に焦点をあて、その卒業生の勤務先
動向を分析する。

　具体的には、第1に、東京美術学校図画師範科の各年度の勤務先動向につい
て、1940（明治43）年から1941（昭和16）年までの全卒業生の勤務先別
人数を分析する。

　第2に、東京美術学校図画師範科卒業生の師範学校、中学校、高等女学校
における勤務状況について、卒業生の師範学校、中学校、高等女学校における
担当学科目を分析する。

　そして、これらの分析を通して、手工科担当師範学校教員の供給における東
京美術学校図画師範科の量的役割について明らかにする。

　なお、対象とする時期に関しては、東京美術学校に図画師範科が設置された
1907（明治40）年から『東京美術学校一覧』に全卒業生の氏名と勤務先が記
載されていた1922（大正11）年まで、すなわち第Ⅱ期を中心に分析する。

第1節　卒業生の各年度の勤務先動向

　東京美術学校図画師範科の卒業生の勤務先別人数の動向については、表2-1
を参照されたい。表2-1は、各年度の当該年度までの同師範科卒業生の累計と
当該年度におけるそれらの卒業生の勤務先別内訳を示している。

　また、東京美術学校図画師範科卒業生の勤務先に関わっては、「服務規程」
または「服務規則」が定められており、卒業直後の数年間は、文部大臣によっ

表2-1　各年度の東京美術学校図画師範科全卒業生の勤務先別人数

	当該年度の卒業生数	累計 当該年度までの卒業生数	全卒業生の勤務先別内訳														
			官庁	各省直轄学校	東京美術学校	師範学校	私立大学	中学校	高等女学校	技芸学校	商業工業農業学校	小学校	その他	兵役	自営	死亡	不明
1907（明治40）年	-	-	-	-	-	-	-	-	-	-	-	-	-	-	-	-	-
1908（明治41）年	-	-	-	-	-	-	-	-	-	-	-	-	-	-	-	-	-
1909（明治42）年	-	-	-	-	-	-	-	-	-	-	-	-	-	-	-	-	-
1910（明治43）年	18	18	0	0	1	6	0	6	3	0	0	2	0	0	0	0	0
1911（明治44）年	16	34	0	0	1	8	0	12	5	0	0	5	1	2	0	0	0
1912（大正 1）年	21	55	0	0	1	17	0	13	13	0	0	7	1	2	1	0	0
1913（大正 2）年	18	73	0	0	1	23	0	17	14	0	0	11	2	2	3	0	0
1914（大正 3）年	20	93	0	0	1	26	0	24	16	0	1	17	0	1	6	1	0
1915（大正 4）年	16	109	0	1	1	24	0	28	21	0	2	18	2	2	9	1	0
1916（大正 5）年	16	125															
1917（大正 6）年	22	147															
1918（大正 7）年	18	165															
1919（大正 8）年	15	180	1	0	1	41	0	53	28	2	4	26	3	1	14	6	0
1920（大正 9）年	15	195															
1921（大正10）年	22	217															
1922（大正11）年	19	236	3	4	2	50	0	69	39	0	10	19	12	1	21	6	0
1923（大正12）年	20	256															
1924（大正13）年	22	278	3	4	2	67	0	94	57	1	12	19	11	2	21	6	0
1925（大正14）年	22	300															
1926（大正15）年	26	326	1	3	2	65	0	96	69	4	5	22	13	1	34	11	0
1927（昭和 2）年	25	351	1	3	2	71	0	106	74	4	6	23	20	0	30	11	0
1928（昭和 3）年	18	369	1	3	2	74	0	113	80	4	6	23	16	1	30	16	0
1929（昭和 4）年	23	392	1	3	3	74	0	120	90	6	6	24	10	0	44	11	0
1930（昭和 5）年	22	414	1	3	3	77	0	130	95	6	7	24	11	0	46	11	0
1931（昭和 6）年	20	434	1	3	3	79	0	142	98	6	8	24	11	0	48	11	0
1932（昭和 7）年	20	456	1	3	3	82	0	150	103	6	8	25	11	6	34	24	0
1933（昭和 8）年	22	478															
1934（昭和 9）年	23	501	5	4	4	61	0	146	112	2	14	29	12	5	63	39	5
1935（昭和10）年	20	521															
1936（昭和11）年	15	536	5	5	4	62	0	160	123	0	12	28	18	2	69	46	2
1937（昭和12）年	14	550	4	4	4	63	1	159	129	0	15	31	20	2	67	49	2
1938（昭和13）年	14	564	6	4	5	64	0	162	128	0	19	33	23	2	63	54	1
1939（昭和14）年	17	581															
1940（昭和15）年	11	592															
1941（昭和16）年	13	605															

注：①各年度の『東京美術学校一覧』より作成。
　　②表中の空欄部分は、資料がないためこれを欠く。
　　③複数の学校に勤務する者は、どちらか一校でカウントしている。

て指定された職務に従事することが卒業生に義務づけられていた。こうした卒業直後の数年間の勤務先を示したのが表2-2である。

前述したように、東京美術学校図画師範科において最初の卒業生（以下、第1期卒業生と称する。また、その後の卒業生も同様とする）が出たのは、1910（明治43）年のことである。

1907（明治40）年に制定された「東京美術学校図画師範科卒業者服務規程」（文部省令第19号）によると、東京美術学校図画師範科設置当初の卒業生は、特別な場合を除いては、卒業証書を受領した日から5年間は教職に従事し、そのうち最初の2年間は文部大臣から指定された学校等に勤務することが義

表2-2　東京美術学校図画師範科卒業生の卒業直後の勤務先別人数

期（卒業生数）	卒業後年数	勤務先内訳				
		師範学校	中学校	高等女学校	その他	不明
第 1 期生（18 名）	1 年目	6	6	3	3	0
	2 年目	7	7	2	2	0
第 2 期生（16 名）	1 年目	1	5	3	7	0
	2 年目	2	6	3	5	0
第 3 期生（21 名）	1 年目	7	3	8	3	0
	2 年目	7	1	7	6	0
第 4 期生（18 名）	1 年目	5	4	2	7	0
第 5 期生（20 名）	1 年目	3	5	3	9	0
第 6 期生（16 名）	1 年目	1	2	3	10	0
第 7 期生（16 名）	1 年目					
第 8 期生（22 名）	1 年目					
第 9 期生（18 名）	1 年目					
第 10 期生（15 名）	1 年目	5	5	1	4	0
第 11 期生（15 名）	1 年目					
第 12 期生（20 名）	1 年目					
第 13 期生（19 名）	1 年目	1	11	6	1	0

注：①各年度の『東京美術学校一覧』、『中等教育諸学校職員録』、
　　および各師範学校の「職員録」により作成。
　　②表中の空白部分は、資料がないためこれを欠く。

務づけられていた（第 1 条）。

　これにより、第 1 期卒業生 18 名のうち、師範学校に 6 ないし 7 名（33 〜 39％）、中学校に 6 ないし 7 名（33 〜 39％）、高等女学校に 3 名（17％）が、卒業直後の 2 年間に勤務していた。すなわち、第 1 期卒業生 18 名中 15 ないし 17 名（89％〜 94％）の卒業生が卒業直後の 2 年の間に師範学校、中学校、高等女学校のいずれかに勤務していたことになる（表 2-2 参照）。

　また、同様に、第 2 期卒業生 16 名中 9 ないし 11 名（56％〜 69％）、第 3 期卒業生 21 名中 15 ないし 18 名（71％〜 86％）が、卒業直後の 2 年間に師範学校、中学校、高等女学校のいずれかに勤務していた（表 2-2 参照）。

　そして、このような文部大臣の指定も影響し、第 3 期卒業生が出た 1912（大正元）年には、全卒業生 55 名のうち師範学校に勤務する者が 17 名（31％）、中学校に勤務する者が 13 名（24％）、高等女学校に勤務する者が 13 名（24％）いた（表 2-1 参照）。

　1910（明治 43）年 3 月には、「東京美術学校図画師範科卒業者服務規程」（文部省令第 2 号）が改正され、東京美術学校図画師範科の卒業生は、卒業証書受得の日から、学資の支給を受けていた卒業生は 5 年間、学資の支給を受けていなかった卒業生は 2 年間、教育に関する職務に従事することが義務づけられた。また、そのうち、学資の支給を受けていた卒業生は最初の 2 年間、学資の支給を受けていなかった卒業生は最初の 1 年間は、文部大臣の指定に従って勤務しなければならないとされた（第 1 条、第 2 条）。

　これにより、第 4 期卒業生からは、学資の支給の有無にかかわらず、すべての卒業生は卒業直後の 1 年間は文部大臣の指定に従って勤務することが義務づけられた。

　そして、第 4 期卒業生から第 13 期卒業生の卒業直後の勤務先をみると、第 6 期卒業生をのぞいて、卒業生の半数以上は、卒業直後に師範学校、中学校、高等女学校のいずれかに勤務していた（表 2-2 参照）。

　また、全卒業生の勤務先動向をみると、1915（大正 4）年には、第 6 期卒業生が出たことで全卒業生数が合計で 109 名となり、それらのうち中学校に勤務する卒業生が 28 名（26％）と、師範学校に勤務する卒業生 24 名（22％）

を上回って最も多くなり、これ以降、中学校に勤務する卒業生の数は、常に師範学校および女子師範学校に勤務する卒業生数を上回るようになった（表2-1参照）。

　そして、その後も全卒業生数の増加にともなって、当該年度における師範学校、中学校、高等女学校に勤務する卒業生の数も年々増加し、全卒業生数が300名を超えた1926（大正15）年には、全卒業生326名中、師範学校に勤務する者が65名（20％）中学校に勤務する者が96名（29％）、高等女学校に勤務する者が69名（21％）になり、これ以降、高等女学校に勤務する卒業生数が、師範学校に勤務する卒業生数を上回ることになった（表2-1参照）。

　さらに、中学校や高等女学校に勤務する卒業生の数は年々増加し、1927（昭和2）年には中学校に勤務する卒業生、1932（昭和7）年には高等女学校に勤務する卒業生の数が100名を越えるようになった（表2-1参照）。

　そして、1938（昭和13）年には全卒業生数は564名になり、そのうち中学校に勤務する者は162名（29％）、高等女学校に勤務する者は128名（23％）、師範学校に勤務する者は64名（11％）になった（表2-1参照）。

　以上のように、各年度の東京美術学校図画師範科全卒業生の勤務先内訳をみると、文部大臣に指定されたこともあり、特に、師範学校、中学校、高等女学校に勤務していた卒業生が多いことが注目できる。

　1924（大正13）年以降、継続して60名から70名の卒業生が、師範学校に勤務していた。

　また、同時に、中学校に勤務する卒業生も、1927（昭和2）年以降、継続して全卒業生数の3割以上にあたる100名以上いた。

　さらに、1932（昭和7）年以降になると、高等女学校においても、継続して全卒業生数の2割以上にあたる100名以上の者が勤務していた。

第 2 節　師範学校、中学校、高等女学校における勤務状況

1. 師範学校での勤務経験と担当学科

　表 2-3 は、東京美術学校図画師範科卒業生のうち、卒業後から 1922（大正 11）年までの間に師範学校に勤務した経験のある卒業生の数とその卒業生が師範学校に勤務していた時の担当学科の内訳を示している。

　また、図 2-1 は、師範学校に勤務して手工科を担当したことのある東京美術学校図画師範科卒業生の勤務先と担当学科の経緯を示したものである。例えば、第 2 期の岡登貞治は、1911（明治 44）年から 1922（大正 11）年にかけ

表 2-3　東京美術学校図画師範科卒業生の師範学校での勤務経験と担当学科

期	A 卒業生数	師範学校での勤務経験			師範学校勤務経験者の 師範学校での担当学科			
		B 勤務経験者数	割合① （B／A）		C 手工科	割合② （C／B）	D 図画科	割合③ （D／B）
第 1 期	18	10	55.6%		0	0.0%	10	100.0%
第 2 期	16	5	31.3%		2	40.0%	5	100.0%
第 3 期	21	12	57.1%		3	25.0%	12	100.0%
第 4 期	18	7	38.9%		0	0.0%	7	100.0%
第 5 期	20	7	35.0%		1	14.3%	7	100.0%
第 6 期	16	6	37.5%		1	16.7%	5	83.3%
第 7 期	16	5	31.3%		3	60.0%	4	80.0%
第 8 期	22	5	22.7%		2	40.0%	5	100.0%
第 9 期	18	6	33.3%		1	16.7%	6	100.0%
第 10 期	15	7	46.7%		1	14.3%	7	100.0%
第 11 期	15	2	13.3%		1	50.0%	2	100.0%
第 12 期	20	7	35.0%		2	28.6%	7	100.0%
第 13 期	19	1	5.3%		0	0.0%	1	100.0%
計	234	80	33.8%		17	21.3%	78	97.5%

注：①各年度の『東京美術学校一覧』、『中等教育諸学校職員録』、および各師範学校の「職員録」により作成。
　　②卒業後から 1922（大正 11）年までのデータである。
　　③ 2 つの学科を担当している者については、それぞれを 1 名とカウントしている。

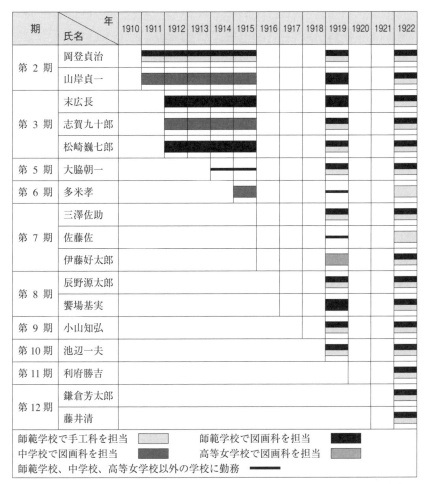

図 2-1　師範学校で手工科を担当した東京美術学校図画師範科卒業生の勤務先と担当学科

注：①各年度の『東京美術学校一覧』、『中等教育諸学校職員録』、および各師範学校の「職員録」により作成。

　　②2色の線については、兼任を示す。

　　③図中の空白部分および1923（大正12）年以降は、資料がないためこれを欠く。

て師範学校で手工科と図画科を担当していた。また、同じく第 2 期の山岸貞一は、1911（明治 44）年から 1915（大正 4）年まで高等女学校で図画科を担当し、1919（大正 8）年には中学校で図画科を担当、さらに 1922（大正 11）年には師範学校で手工科と図画科を担当していたことを示している。

　これらによると、第 1 期卒業生 18 名のうち、師範学校での勤務経験のある者は 10 名（56%）おり、それらの者はすべて図画科のみを担当し、手工科を担当する者はいなかった（表 2-3 参照）。

　また、第 2 期卒業生および第 3 期卒業生においても、第 2 期卒業生 16 名中 5 名（31%）、第 3 期卒業生 21 名中 12 名（57%）が師範学校に勤務し、すべての者が図画科を担当していた（表 2-3 参照）。

　ただし、これらのなかで、第 2 期卒業生のうち、1911（明治 44）年から 1922（大正 11）年にかけて長崎県女子師範学校に勤務していた岡登貞治と 1922（大正 11）年に秋田県女子師範学校に勤務していた山岸貞一の 2 名は、図画科とあわせて手工科も担当していた（図 2-1 参照）。

　また、第 3 期卒業生では、1922（大正 11）年に鹿児島県第二師範学校に勤務していた末広長、1919（大正 8）年から 1922（大正 11）年にかけて熊本県女子師範学校に勤務した志賀九十郎、志賀と同時期に山形県女子師範学校に勤務した松崎巍七郎の 3 名は、師範学校勤務時には図画科と手工科を担当していた（図 2-1 参照）。

　しかし、第 4 期卒業生になると、再び師範学校で手工科を担当した卒業生がいなくなってしまう。第 4 期卒業生では 18 名中 7 名（39%）が師範学校に勤務したけれども、それらすべての者が図画科のみを担当していた（表 2-3 参照）。

　そして、第 5 期卒業生から第 7 期卒業生までにおいては、師範学校に勤務した者は、第 5 期卒業生 20 名中 7 名（35%）、第 6 期卒業生 16 名中 6 名（38%）、第 7 期卒業生 16 名中 5 名（31%）いた（表 2-3 参照）。

　これらのうちの 8 割以上の者は図画科を担当していたが、手工科を担当したのは、第 5 期卒業生では 1919（大正 8）年から 1922（大正 11）年にかけて岐阜県女子師範学校で手工科を担当した大脇朝一の 1 名、第 6 期卒業生では

1922（大正 11）年に大阪府池田師範学校で手工科を担当した多米孝の 1 名で
あった。また、第 7 期卒業生では、1919（大正 8）年に秋田県女子師範学校で、
1922（大正 11）年には静岡県女子師範学校で図画科と手工科を担当していた
三澤佐助、1922（大正 11）年に大阪府天王寺師範学校で手工科のみを担当し
ていた佐藤佐、1922（大正 11）年に埼玉県女子師範学校で図画科と手工科を
担当していた伊藤好太郎の 3 名であった（図 2-1 参照）。

　その後、第 8 期卒業生から第 13 期卒業生までの計 109 名のうち 28 名
（26％）が師範学校に勤務し、すべての者が図画科を担当した（表 2-3 参照）。

　これらのうち、図画科とあわせて手工科を担当したのは、第 8 期卒業生の
辰野源太郎と饗場基実、第 9 期卒業生の小山知弘、第 10 期卒業生の池辺一
夫、第 11 期卒業生の利府勝吉、第 12 期卒業生の鎌倉芳太郎と藤井清の計 7
名のみで、そのほかの者は図画科のみを担当していた（図 2-1 参照）。

　このように、東京美術学校図画師範科第 1 期卒業生から第 13 期卒業生 234
名のうち師範学校に勤務した卒業生は 80 名（34％）おり、このうち図画科を
担当していた卒業生は全卒業生の 3 割以上および師範学校に勤務した卒業生
の 9 割以上にあたる 78 名いた。

　しかし、これに対して、師範学校で手工科を担当した卒業生は、234 名中
17 名のみで、全卒業生の 1 割未満および師範学校に勤務した卒業生の約 2 割
にすぎなかった。

　また、こうした師範学校で手工科を担当していた卒業生 17 名のうち、手工
科のみを担当していた者は第 6 期卒業生の多米孝、第 7 期卒業生の佐藤佐の 2
名のみであり、それ以外の者は図画科と兼ねて手工科を担当していた。

　さらに、卒業生が師範学校で手工科を担当していた時期は、第 2 期卒業生
の岡登貞治の 1 名をのぞき、1919（大正 8）年以降であった。手工科を担当す
る卒業生は、1915（大正 4）年までは 1 名で、1919（大正 8）年には 11 名になっ
た。そして、1922（大正 11）年には 17 名になったけれども、これは、同年の
全手工科担当師範学校教員が 105 名いたうちの 16％にすぎなかった。

　加えて、卒業生が師範学校で手工科を担当する期間は、ある年のみ、もしく
は短い期間の者が多かった。

2. 中学校および高等女学校での勤務経験と担当学科

　表2-4および表2-5は、卒業後から1922（大正11）年までの間に、東京美術学校図画師範科卒業生のうち中学校および高等女学校に勤務した経験のある卒業生数とその卒業生が中学校または高等女学校に勤務していた時の担当学科の内訳を示している。

　これらによると、第1期卒業生18名のうち中学校に勤務した者は10名（56%）、高等女学校に勤務した者は6名（33%）おり、これらの者はすべて図画科を担当していた（表2-4、表2-5参照）。

　また、同様に、第2期卒業生16名のうち中学校に勤務した者は11名（69%）、高等女学校に勤務した者は6名（38%）おり、すべての者が図画科を担当していた（表2-4、表2-5参照）。

表2-4　東京美術学校図画師範科卒業生の中学校での勤務経験と担当学科

期	A 卒業生数	中学校での勤務経験		中学校での担当学科			
		B 勤務経験者数	割合① (B／A)	C 図画科	割合② (C／B)	D その他	割合③ (D／B)
第 1 期	18	10	55.6%	10	100.0%	0	0.0%
第 2 期	16	11	68.8%	11	100.0%	0	0.0%
第 3 期	21	7	33.3%	7	100.0%	0	0.0%
第 4 期	18	7	38.9%	7	100.0%	0	0.0%
第 5 期	20	11	55.0%	11	100.0%	0	0.0%
第 6 期	16	2	12.5%	2	100.0%	0	0.0%
第 7 期	16	3	18.8%	3	100.0%	0	0.0%
第 8 期	22	10	45.5%	10	100.0%	0	0.0%
第 9 期	18	5	27.8%	5	100.0%	0	0.0%
第 10 期	15	6	40.0%	6	100.0%	0	0.0%
第 11 期	15	6	40.0%	6	100.0%	0	0.0%
第 12 期	20	4	20.0%	4	100.0%	0	0.0%
第 13 期	19	10	52.6%	10	100.0%	0	0.0%
計	234	92	39.3%	92	100.0%	0	0.0%

注：①各年度の『東京美術学校一覧』、『中等教育諸学校職員録』、および各師範学校の
　　　「職員録」により作成。
　　②卒業後から1922（大正11）年までのデータである。
　　③2つの学科を担当している者については、それぞれを1名とカウントしている。

表2-5 東京美術学校図画師範科卒業生の高等女学校での勤務経験と担当学科

期	A 卒業生数	高等女学校での勤務経験			高等女学校での担当学科			
		B 勤務経験者数	割合① (B／A)	C 図画科	割合② (C／B)	D その他	割合③ (D／B)	
第 1 期	18	6	33.3%	6	100.0%	0	0.0%	
第 2 期	16	6	37.5%	6	100.0%	0	0.0%	
第 3 期	21	10	47.6%	10	100.0%	0	0.0%	
第 4 期	18	3	16.7%	3	100.0%	0	0.0%	
第 5 期	20	6	30.0%	6	100.0%	0	0.0%	
第 6 期	16	4	25.0%	4	100.0%	0	0.0%	
第 7 期	16	3	18.8%	3	100.0%	0	0.0%	
第 8 期	22	4	18.2%	4	100.0%	0	0.0%	
第 9 期	18	6	33.3%	6	100.0%	0	0.0%	
第 10 期	15	4	26.7%	4	100.0%	0	0.0%	
第 11 期	15	3	20.0%	3	100.0%	0	0.0%	
第 12 期	20	3	15.0%	3	100.0%	0	0.0%	
第 13 期	19	6	31.6%	6	100.0%	0	0.0%	
計	234	64	27.4%	64	100.0%	0	0.0%	

注：①各年度の『東京美術学校一覧』、『中等教育諸学校職員録』、および各師範学校の
　　「職員録」により作成。
　　②卒業後から1922（大正11）年までのデータである。
　　③2つの学科を担当している者については、それぞれを1名とカウントしている。

さらに、第3期卒業生21名のうちでは、7名（33%）が中学校に、10名（48%）が高等女学校に勤務して図画科を担当していた（表2-4、表2-5参照）。

そして、こうした同時期の卒業生の半数以上が中学校もしくは高等女学校に勤務して図画科を担当するという傾向は、第5期卒業生まで続いている。

しかし、第6期卒業生および第7期卒業生にかけて、中学校または高等女学校に勤務して図画科を担当する卒業生の数が減少している。特に中学校に勤務する卒業生数の減少が著しく、中学校に勤務した者は、第6期卒業生16名中2名（13%）、第7期卒業生16名中3名（19%）のみとなった（表2-4、表2-5参照）。

そして、第8期卒業生以降、で再び半数以上の卒業生が中学校もしくは高等女学校に勤務して図画科を担当することになった。第8期卒業生においては、中学校に勤務する者が22名中10名（46%）、高等女学校に勤務する者が

22名中4名（18％）となり、これ以降も、第9期卒業生から第13期卒業生までの計87名のうち中学校に勤務して図画科を担当した者は31名（36％）、高等女学校に勤務して図画科を担当した者は22名（25％）いた（表2-4、表2-5参照）。

　このように、第1期卒業生から第13期卒業生234名のうち中学校に勤務した卒業生は、全卒業生の約4割にあたる92名、高等女学校に勤務した卒業生は全卒業生の約3割にあたる64名がいた。

　そして、中学校に勤務した卒業生および高等女学校に勤務した卒業生は、すべて図画科を担当していた。

第3節　小括

　1907（明治40）年に設置された東京美術学校図画師範科は、1910（明治43）年に第1期卒業生を出した後毎年20名前後の卒業生を出し、1910（明治43）年から1940（昭和15）年の間に、合計605名の卒業生を出していた。

　そして、こうした605名の卒業生の各年度の勤務先内訳をみると、1926（大正15）年以降、継続して60名から70名の卒業生が別々の師範学校および女子師範学校に勤務していた。また、同時に、1927（昭和2）年以降、継続して全卒業生数の3割以上にあたる100名以上の卒業生が、それぞれ別々の中学校に勤務していた。さらに、高等女学校においても、1932（昭和7）年以降、継続して全卒業生数の2割以上にあたる100名以上の者が勤務していた。

　また、卒業生のうち、師範学校、中学校、高等女学校に勤務した者の担当学科目をみると、第1期卒業生から第13期卒業生234名のうち、中学校に勤務した者は92名（39％）、高等女学校に勤務した者は64名（27％）おり、すべての者が図画科を担当していた。また、師範学校に勤務していた卒業生は234名中80名（34％）で、そのうち手工科を担当した者は17名、図画科を担当したのは78名いた。

　そして、こうした師範学校で手工科を担当していた卒業生17名のうち、手工科のみを担当していた者は2名のみであり、そのほとんどが図画科と兼ね

て手工科を担当していた。また、師範学校で手工科を担当する時期は、1名を除いては1919（大正8）年以降で、ある年のみ、もしくは短い期間に手工科を担当していた者が多かった。さらに、こうした師範学校で手工科を担当した卒業生数を年別にみると、1922（大正11）年には、師範学校で手工科を担当する卒業生の数が最も多い17名になったけれども、これは、同年、全手工科担当師範学校教員が105名いたうちの16%にすぎなかった。

　以上のように、東京美術学校図画師範科の卒業生の勤務先動向を分析すると、少なくとも次の5点の特徴が指摘できる。

　第1に、1926（大正15）年から1938（昭和13）年にかけて、毎年60名から70名の者が、師範学校および女子師範学校に勤務し、その9割以上の者が図画科を担当していたという点である。

　また、第2に、中学校や高等女学校で図画科を担当する卒業生も多く、第1期卒業生から第13期卒業生234名のうち、中学校に勤務した者は92名（39%）、高等女学校に勤務した者は64名（27%）おり、そのすべての者が図画科を担当していたという点である。特に、中学校で図画科を担当していた卒業生は、234名中92名で、特段に多かった点が注目できる。

　これら第1、第2の点から、東京美術学校図画師範科が、師範学校、中学校、高等女学校で図画科を担当する教員の供給にとって果たした量的役割は相当程度大きかったと考えられる。

　そして、第3に、他方で、第1期卒業生から第13期卒業生234名のうち、師範学校で手工科を担当した者はわずかに17名であり、しかも、手工科を担当していた卒業生17名のうち、その大部分の者が、図画科との兼務であり、手工科のみを担当していたのは、わずかに2名にすぎなかった点である。

　第4に、東京美術学校図画師範科の卒業生が師範学校で手工科を担当していた時期が、1910（明治43）年から1915（大正4）年までは1名しかいなかったという点である。また、1919（大正8）年には7名、1922（大正11）年には17名になったけれども、これは、同年、全手工科担当師範学校教員が105名いたうちの16%にすぎなかった。

　第5に、東京美術学校図画師範科の卒業生が師範学校で手工科を担当した

期間は、ある年のみ、もしくは短い期間の者が多かった点である。

　これらの点から、東京美術学校図画師範科が、手工科担当師範学校教員の供給に果たした役割は大きくなかったと考えられる。

　つまり、東京美術学校図画師範科は、教員免許状取得という面においては、相当程度大きな役割を果たしていたけれども、少なくとも 1919（大正 8）年までは、手工科担当師範学校教員の供給という点では、事実としてはほとんど機能していなかったといえる。また、1919（大正 8）年以降も、全手工科担当師範学校教員に占める東京美術学校図画師範科卒業生の数はわずかであり、東京美術学校図画師範科が師範学校の手工科教育に与えた影響力は大きくなかったと考えられる。

　すなわち、東京美術学校図画師範科での事実として担っていた役割は、師範学校、中学校、高等女学校で図画科を担当する教員の供給を中心に行われていたといえる。

注
1)　磯崎康彦・吉田千鶴子『東京美術学校の歴史』日本文教出版、1977 年、p.137。
2)　芸術研究振興財団・東京芸術大学百年史刊行委員会編『東京芸術大学百年史 ― 東京美術学校編』第 2 巻、ぎょうせい、1992 年、p.376。

第3章

東京高等師範学校図画手工専修科による
手工科担当師範学校教員の供給

はじめに

　手工科発足当初、手工科担当師範学校教員は、高等師範学校および東京工業学校等において養成されてきた。

　高等師範学校では、1886（明治19）に男子師範学科の中に理化学科が設置された。そして、理化学科は、学科目の中に手工科をおき、第1学年に毎週2時間、第2学年に毎週1時間の手工科を生徒に課し、卒業生には卒業後すぐに、もしくは無試験検定によって手工科の教員免許状が与えられた。しかし、高等師範学校理化学科は「中等学校の手工教師として適切な教養を為すには教授時間が甚だ不足であった。随ってその卒業生は本来の立場として概ね物理化学の教授に従事し、手工教授に携わるものは甚だ希」[1]であったとされている。

　他方で、東京工業学校では、1890（明治23）年に「師範学校手工科教員の養成を目的とする」[2]機械工芸部特別生が設置された。機械工芸部特別生は、1894（明治27）年までに、「二十余名の中等手工科教員を出し、府県師範学校手工科の上に大なる勢力を与えた」[3]とされ、手工科設置当初の手工科担当師範学校教員の供給に果たした量的役割が小さくなかったとみられる。しかし、東京工業学校に工業教員養成所が設置されたことから、1894（明治27）年に機械工芸部特別生は廃止された。さらに、1895（明治28）年頃からは、「実業学校の各府県に開設せらるるに及び、この養成所出身の手工教員は多くこれを職に転じたるより、師範学校の手工科は頗る寂莫を感ずる」[4]ようになった。

　こうした中で、1890年代の終わりから1900年代の初めにかけて、「国力の

充実、生産力の養成、実業教育の振興等は緊急の問題となり、本校（高等師範学校：筆者）に手工教員養成所を設置するの機運」[5] が生じることになり、1899（明治 32）年、高等師範学校に手工専修科が設置された。手工専修科の生徒には、倫理、教育学、国語、物理、数学、手工、図画（用器画、自在画）、体操の 8 学科目が課され、卒業生には手工科および図画科の教員免許状が与えられた。そして、1901（明治 34）年に 20 名の卒業生を出した。その後しばらくの間、手工専修科は設置されなかったけれども、1906（明治 39）年、1908（明治 41）年、1911（明治 44）年に図画手工専修科として設置された。そして、再び、1919（大正 8）年まで図画手工専修科が設置されなかったけれども、同年以降、図画手工専修科は、ほぼ 3 年おきに設置され、手工専修科とあわせて、1941（昭和 16）年までに、合計 11 回設置され、245 名の卒業生が手工科の教員免許状を取得した。

　そして、こうした東京高等師範学校図画手工専修科において教員免許状を取得した 245 名の卒業生数は、東京美術学校図画師範科 605 名とともに、戦前日本の手工科担当師範学校教員の養成が、東京高等師範学校図画手工専修科と東京美術学校図画師範科を中心に行われていたことを示唆していた（第 3 章）。

　しかし、東京美術学校図画師範科は、教員免許状取得という面においては、相当程度大きな役割を果たしていたけれども、手工科担当師範学校教員の供給という点では、事実としてはほとんど機能しておらず、そこでの事実として担っていた役割は、師範学校、中学校、高等女学校で図画科を担当する教員の供給を中心に行われていた（第 4 章）。

　本章では、このような前章までの全体像を視野に入れ、東京高等師範学校図画手工専修科の卒業生の勤務先動向を分析する。

　具体的には、第 1 に、東京高等師範学校図画手工専修科全卒業生の勤務先動向について、1901（明治 34）年から 1937（昭和 12）年までの各年度の卒業生の輩出状況と各年度の全卒業生の勤務先別人数について分析する。

　第 2 に、東京高等師範学校図画手工専修科卒業生の師範学校、中学校、高等女学校における勤務状況について、東京高等師範学校図画手工専修科全卒業生の師範学校、中学校、高等女学校における勤務経験の有無およびそれらの学

校における担当学科目について分析する。

　そして、これらの分析を通して、東京高等師範学校図画手工専修科による手工科担当師範学校教員の供給の量的側面の特徴を抽出する。

第1節　卒業生の各年度の勤務先動向

　東京高等師範学校図画手工専修科の卒業生の勤務先別人数の動向については、表3-1を参照されたい。表3-1は、各年度の当該年度までの東京高等師範学校図画手工専修科卒業生の累計と当該年度におけるそれらの卒業生の勤務先別内訳を示している。

　また、東京高等師範学校卒業生の勤務先については、東京美術学校図画師範科の卒業生と同様に、「服務規則」が定められており、卒業後最初の数年間は、文部大臣や文部省によって指定された職務に従事することが義務づけられていた。こうした卒業後の数年間の勤務先の内訳を示したものが表3-2である。

　前述のように、高等師範学校に手工専修科が設置されたのは1899（明治32）年のことである。手工専修科は、その主たる目的を師範学校の手工科、図画科の教員および中学校、高等女学校の図画科の教員を養成することとしていた。生徒には倫理、教育学、国語、物理、数学、手工、図画（用器画、自在画）、体操の8学科目を課し、卒業生には手工科および図画科の教員免許状が与えられていた。修業年限は2年1学期とされ、1901（明治34）年7月に第1期卒業生20名が出た。

　また、1906（明治39）年4月には、図画手工専修科として再び設置され、1908（明治41）年3月に22名の第2期卒業生が出た。

　こうした第1期卒業生および第2期卒業生の勤務先ついては、1897（明治30）年制定の「高等師範学校卒業生服務規則」（文部省令第11号）によって、卒業証書受得の日から7年間は教育に関する職務に従事し、そのうち最初の3年間は文部省から指定された教育に関する職務に従事することが義務づけられていた（第2条）。

　これにより、第1期卒業生20名中11ないし12名（55～60%）、第2期卒

表 3-1　各年度の東京高等師範学校図画手工専修科全卒業生の勤務先別人数

年	当該年度の卒業生数	当該年度までの累計卒業生数	全卒業生の勤務先別内訳											
			高等師範学校	師範学校	高等女学校	高等学校	中学校	小学校	商業工業農業学校	学習院	視学官	その他	不明	死亡
1899（明治 32）年	0	0	-	-	-	-	-	-	-	-	-	-	-	-
1900（明治 33）年	0	0	-	-	-	-	-	-	-	-	-	-	-	-
1901（明治 34）年	20	20		11	2		6		1					
1902（明治 35）年	-	20		12	1		5		1				1	
1903（明治 36）年	-	20		12	1		6		1					
1904（明治 37）年	-	20		16	1		2		1					
1905（明治 38）年	-	20	2	15	1		1		1					
1906（明治 39）年	0	20												
1907（明治 40）年	0	20												
1908（明治 41）年	22	42	2	18			2							
1909（明治 42）年	0	42	2	18			2							
1910（明治 43）年	0	42	2	18			2							
1911（明治 44）年	21	63	6	40			2	2		2		4	5	2
1912（大正 1）年	0	63	6	43			1	2		2	1	5	1	2
1913（大正 2）年	0	63	7	42	1		1	2		2	1	3	3	3
1914（大正 3）年	24	87	7	50	2		4	2		2	1	8	9	4
1915（大正 4）年	-	87	7	48	5		4	4		2		11	5	4
1916（大正 5）年	-	87	7	49	8		3	6		2		10	3	4
1917（大正 6）年	-	87												
1918（大正 7）年	-	87	8	40	8		5	7		2		10	6	4
1919（大正 8）年	0	87	9	36	7		4	7		2		14	7	5
1920（大正 9）年	0	87	9	34	7		3	6		2	2	13	11	5
1921（大正 10）年	0	87	8	37	7		3	7		3	3	14	8	5
1922（大正 11）年	18	105	8	45	7		9	9	1	3	3	15	8	5
1923（大正 12）年	0	105												
1924（大正 13）年	0	105	9	38	12		6	11		4	2	15	6	5
1925（大正 14）年	19	124	9	33	3	3	6	11	2	4	2	12	11	7
1926（大正 15）年	0	124												
1927（昭和 2）年	9	124	9	38	18	1	9	8		4	4	18	9	7
1928（昭和 3）年	24	148												
1929（昭和 4）年	0	148	9	42	19	2	13	7	5	4	5	20	17	8
1930（昭和 5）年	0	148	9	41	22	2	12	7	5	4	4	19	18	8
1931（昭和 6）年	24	172	9	49	23	2	19	10	5	4	4	17	25	10
1932（昭和 7）年	0	172	10	47	22	2	18	11	6	4	3	16	26	12
1933（昭和 8）年	0	172	11	43	20	2	20	11	4	4	2	15	30	14
1934（昭和 9）年	23	195	11	47	19	2	36	11	4	3	2	18	32	16
1935（昭和 10）年	0	195	9	43	19	2	40	13	4	2	3	22	30	18
1936（昭和 11）年	0	195	10	44	18	2	43	13	4	2	3	22	30	19
1937（昭和 12）年	21	216	10	48	25	2	44	9	3	2		28	28	20
1938（昭和 13）年	0	216												
1939（昭和 14）年	0	216												
1940（昭和 15）年	29	245												
1941（昭和 16）年	0	245												

注：①各年度の『東京高等師範学校一覧』より作成。
　　②表中の空欄の年、および 1938（昭和 13）年以降は資料がないため、これを欠く。
　　③ 1908（明治 41）から 1910（明治 43）年は、1908（明治 41）年 3 月の卒業生 22 名のみの内訳を示している。また、1925（大正 14）年は、1925（大正 14）年 3 月の卒業生 19 名は内訳には含まれていない。
　　④複数学校に勤務する者は、それぞれ各 1 人として計算している。

表 3-2　東京高等師範学校図画手工専修科卒業生の卒業直後の勤務先別人数

期（卒業生数）	卒業後年数	勤務先別内訳								
		高等師範学校	師範学校	高等女学校	中学校	小学校	商業工業農業学校	学習院	その他	不明
第 1 期生（20 名）	1 年目		11	2	6		1			
	2 年目		12	1	5		1			1
	3 年目		12	1	6		1			
第 2 期生（22 名）	1 年目	2	18		2					
	2 年目	2	18		2					
	3 年目	2	18		2					
第 3 期生（21 名）	1 年目	2	17			1		1		
第 4 期生（24 名）	1 年目		15	1	2	1			3	2
第 5 期生（18 名）	1 年目		11	1	5	1				
第 6 期生（19 名）	1 年目		0							
第 7 期生（24 名）	1 年目		0							
第 8 期生（24 名）	1 年目		8	2	7	2			1	4
第 9 期生（23 名）	1 年目		3	2	15				5	5
第 10 期生（21 名）	1 年目		6	1	6	1			2	5
第 11 期生（29 名）	1 年目									

注：①各年度の『東京高等師範学校一覧』より作成。
　　②表中の空欄部分は資料がないためこれを欠く。

業生 22 名中 18 名（82％）と、半数以上の者が文部省の指定によって卒業直後の 3 年間に師範学校に勤務した（表 3-2 参照）。

　そして、1908（明治 41）年 4 月に設置された第 3 期の図画手工専修科から修業年限が 3 年に延長され、1911（明治 44）年 3 月に第 3 期卒業生 21 名、1914（大正 3）年 3 月に第 4 期卒業生 24 名が出た。

　こうした第 3 期卒業生および第 4 期卒業生の勤務先については、1909（明治 42）年に改正された「高等師範学校卒業生服務規則」（文部省令第 25 号）によって、学資の支給を受けていた生徒は、卒業証書受得の日から 5 年間は教育に関する職務に従事し、そのうち最初の 2 年間は文部大臣に指定された

職務に就くことが義務づけられていた。また、学資の支給を受けていなかった生徒は卒業証書受得の日から2年間は教育に関する職務に従事し、そのうち最初の1年間は文部大臣に指定された職務に就くことが義務づけられていた（第1条、第2条）。

これにより、第3期卒業生および第4期卒業生は、学資の支給の有無に関わらず、最低1年間は文部大臣によって指定された教育に関する職務に従事することが義務づけられ、第3期卒業生21名中17名（81%）、第4期卒業生24名中15名（63%）の者が文部大臣の指定によって卒業直後に師範学校に勤務した（表3-2参照）。

また、卒業生全体の勤務先動向をみると、このように文部省または文部大臣に指定されて勤務したこともあり、第3期卒業生が出た1911（明治44）年には、全卒業生63名のうち師範学校に勤務する者が40名（63%）、さらに、第4期卒業生が出た1914（大正3）年には、全卒業生数87名のうち師範学校に勤務する者が50名（57%）となった（表3-1参照）。

その後、東京高等師範学校に図画手工専修科が設置されたのは、1919（大正8）年4月であった。修業年限は、それまでと同様の3年とされ、1922（大正11）年3月に第5期卒業生18名が出た。

そして、これ以降、図画手工専修科は、ほぼ3年おきに設置され、1925（大正14）年3月に第6期卒業生19名、1928（昭和3）年に第7期卒業生24名、1931（昭和6）年3月に第8期卒業生24名、1934（昭和9）年に第9期卒業生23名、1937（昭和12）年3月に第10期卒業生21名、1940（昭和15）年3月に第11期卒業生29名と、3年おきに20名前後の卒業生が出た。

1921（大正10）年に制定された「高等師範学校等卒業者服務規則」（文部省令第29号）によると、第5期以降の卒業生の勤務先については、学資の支給を受けていた生徒は修業年限の1倍半（すなわち4年半）、学資の支給を受けていなかった生徒は修業年限の2分の1（すなわち1年半）の期間は教育に関する職務に従事し、そのうち最初の1年間は文部大臣に指定された職務に就くことが義務づけられていた（第2条、第3条）。

これにより、第5期卒業生から第11期卒業生は、学資の支給の有無にか

かわらず、最低1年間は文部大臣によって指定された教育に関する職務に従事することが義務づけられ、第5期卒業生18名のうち11名（61％）の者が師範学校に卒業直後に勤務した。また、中学校に勤務した者が18名中5名（28％）と増加した（表3-2参照）。

しかし、第6期卒業生から第10期卒業生にかけて、文部大臣の指定によって、師範学校もしくは女子師範学校に勤務した卒業生の人数は年々減少していき、第9期卒業生にあたっては、師範学校に指定され、勤務した者は1人もいなかった。また、第8期卒業生から中学校に指定され、勤務した卒業生の数が最も多くなり、第9期卒業生においては、卒業直後に中学校に勤務した者が15名と急激に増加した（表3-2参照）。

また、卒業生全体の勤務先動向をみると、第5期卒業生が出たことによって、全卒業生が100名を越え、ほとんどすべての種類の学校で卒業生が勤務するようになるとともに、毎年継続して40名前後の卒業生が師範学校に勤務することになった（表3-1参照）。

さらに、1927（昭和2）年からは、高等女学校に勤務する者が18名と増加し、1934（昭和9）年からは、中学校に勤務する者が36名と急増した（表3-1参照）。

以上のように、各年度の全卒業生の勤務先内訳をみると、東京高等師範学校図画手工専修科が、師範学校および女子師範学校の教員を養成に果たした役割は小さくなかったといえる。1912（大正12）年度以降、師範学校もしくは女子師範学校に勤務する者が、継続して40名から50名いた。また、卒業生の8割以上の者が、卒業後すぐに文部省や文部大臣の指定により師範学校に配属されていた。

しかしながら同時に、1934（昭和9）年以降、中学校の教員養成に傾斜していく傾向がみられる。1934（昭和9）年3月卒業の第9期卒業生23名中15名が、文部省の指定によって卒業後すぐに中学校に勤務していた。また、各年度の勤務先内訳においても、同年から中学校に勤務する卒業生の数が急増し、1935（昭和10）年には、中学校に勤務する卒業生の数が師範学校とほぼ同数になった。

　また、1927（昭和2）年からは、高等女学校に勤務する者が継続して20名前後いた。これは、文部省によって卒業後すぐに高等女学校に配属された卒業生は、わずかに8ないし9名であったことから、ほとんどの者が師範学校や中学校等から高等女学校に転職してきた者であったと思われる。

第2節　師範学校、中学校、高等女学校における勤務状況

1. 師範学校での勤務経験と担当学科

　表3-3は、東京高等師範学校図画手工専修科卒業生のうち、卒業後に師範学校に勤務した経験のある卒業生の数とその卒業生が師範学校に勤務していた時の担当学科の内訳を示している。

　これによると、第1期卒業生20名中18名（90％）の者が、卒業後に1度は師範学校に勤務していた。また、同様に、第2期卒業生22名中19名（86％）、第3期卒業生21名中18名（86％）の卒業生が、1度は師範学校に勤務した（表3-3参照）。

　しかし、こうした同時期の卒業生の大半が師範学校に勤務するという傾向は、第3期卒業生までとなっており、第4期卒業生以降は師範学校に勤務する者が減少する傾向になっている（表3-3参照）。

　さらに、第8期卒業生においては、師範学校に勤務した者が24名中9名（38％）に激減し、第10期卒業生のうち師範学校に勤務した者は21名中6名（29％）と、3割に満たなかった（表3-3参照）。

　そして、こうした師範学校に勤務した卒業生の担当学科についてみると、第1期卒業生で師範学校に勤務した18名のうち、師範学校で手工科を担当した者が17名（94％）で、師範学校に勤務した第1期卒業生の9割以上の者が手工科を担当したことになる（表3-3参照）。

　また、師範学校に勤務した第2期卒業生19名のうち手工科を担当した者は15名（79％）、師範学校に勤務した第3期卒業生18名のうち手工科を担当した者は14名（78％）と、師範学校に勤務した卒業生の7割以上が手工科を担

表 3-3　東京高等師範学校図画手工専修科卒業生の師範学校での勤務経験と担
当学科

期	A 卒業生数	師範学校での勤務経験		師範学校勤務経験者の 師範学校での担当学科			
		B 勤務経験者数	割合① (B／A)	C 手工科	割合② (C／B)	D 図画科	割合③ (D／B)
第 1 期	20	18	90.0%	17	94.4%	10	55.6%
第 2 期	22	19	86.4%	15	78.9%	12	63.2%
第 3 期	21	18	85.7%	14	77.8%	6	33.3%
第 4 期	24	16	66.7%	13	81.3%	8	50.0%
第 5 期	18	12	66.7%	11	91.7%	8	66.7%
第 6 期	19	11	57.9%	11	100.0%	7	63.6%
第 7 期	24	13	54.2%	11	84.6%	11	84.6%
第 8 期	24	9	37.5%	7	77.8%	4	44.4%
第 9 期	23	7	30.4%	5	71.4%	5	71.4%
第 10 期	21	6	28.6%	6	100.0%	1	16.7%
第 11 期	29						
計	245	129	52.7%	110	85.3%	72	55.8%

注：①各年度の『東京高等師範学校一覧』および『中等教育諸学校職員録』より作成。
　　②第 11 期卒業生については、資料がないためこれを欠く。
　　③2 つの学科を担当している者については、それぞれを 1 名とカウントしている。

当していた（表 3-3 参照）。

　そして、第 4 期卒業生以降、師範学校に勤務した卒業生数の減少にともない、手工科を担当する卒業生の数も徐々に減少していった（表 3-3 参照）。

　しかし、師範学校に勤務した者のうちの 7 割以上が手工科を担当していたという傾向は、第 10 期卒業生まで続いていた（表 3-3 参照）。

　このように、第 1 期卒業生から第 11 期卒業生の計 216 名のうち、少なくとも 129 名（53％）の者が、師範学校に勤務し、このうちの 85％にあたる 110 名が手工科を担当していた。

　他方で、こうした東京高等師範学校図画手工専修科の卒業生が手工科を担当していた師範学校の割合および全手工科担当師範学校教員のうちの同専修科卒業生が占める割合を年度別にみると、表 3-4 のようにまとめられる。

　表 3-4 によると、1904（明治 37）年は、師範学校で手工科が必修でなかっ

表 3-4　手工科担当師範学校教員のうちの東京高等師範学校図画手工専修科卒業生の割合

年	学校数			教員数		
	A 師範学校数	B 卒業生が手工科を担当する師範学校数	割合① (B／A)	C 全手工科担当師範学校教員数	D 師範学校で手工科を担当する卒業生数	割合② (D／C)
1904（明治 37）年	66	13	19.7%	32	13	40.6%
1906（明治 39）年	69	12	17.4%	41	12	29.3%
1908（明治 41）年	74	26	35.1%	68	26	38.2%
1922（大正 11）年	95	38	40.0%	105	38	36.2%
1926（大正 15）年	102	33	32.4%	122	33	27.0%
1927（昭和 2 ）年	102	29	28.4%	120	29	24.2%
1929（昭和 4 ）年	104	31	29.8%	127	31	24.4%
1934（昭和 9 ）年	104	38	36.5%	118	38	32.2%

注：各年度の『東京高等師範学校一覧』および『中等教育諸学校職員録』より作成。

たため、すべての師範学校で手工科が行われているわけではない。そのため、図画手工専修科の卒業生が手工科を担当する師範学校の割合は 2 割に満たない（表 3-4 参照）。

　しかし、師範学校で手工科を担当していた教員のうちの 4 割以上が、図画手工専修科の第 1 期卒業生で占められていた（表 3-4 参照）。

　また、1906（明治 39）年には、手工科を行う師範学校やそれを担当する教員数が増加している。しかし、図画手工専修科の卒業生は、1901（明治 34）年に第 1 期卒業生が出たのみで、卒業生数は、1904（明治 37）年と変わっていない。そのため、師範学校で手工科を担当する教員のうち、図画手工専修科卒業生が占める割合は、3 割未満（29％）に減少した（表 3-4 参照）。

　そして、1908（明治 41）年には、1907（明治 40）年の「師範学校規程」（文部省令第 25 号）によってすべての師範学校で手工科が行われるようになったため、それを担当する教員も 68 名に増加した。このうち、図画手工専修科の卒業生は、26 名（38％）で、再び 4 割近くを占めるようになった（表 3-4 参照）。

　その後、1926（大正 15）年、1927（昭和 2）年と、年々師範学校で手工科を担当する教員のうちの図画手工専修科卒業生が占める割合は、減少し、

1927（昭和2）年には師範学校で手工科を担当する教員120名中、図画手工専修科の卒業生は29名（24%）になった（表3-4参照）。

そして、1929（昭和4）年以降、師範学校で手工科を担当する卒業生の数が再び増加し、1934（昭和9）年には、師範学校で手工科を担当する卒業生は38名になった。これで、全手工科担当師範学校教員の32%を、図画手工専修科の卒業生が占めることになった（表3-4参照）。

このように、各時期によりばらつきはあるけれども、師範学校で手工科が必修になった1907（明治40）年以降は、手工科担当師範学校教員のうちの2割以上が、東京高等師範学校図画手工専修科卒業生で占められていた。そして、こうした卒業生が勤務する師範学校は、ほとんどの年に、全師範学校のおよそ3割以上を占めていた点は、注目に値する。

2. 中学校での勤務経験と担当学科

表3-5は、東京高等師範学校図画手工専修科卒業生のうち中学校に勤務した経験のある卒業生の数とその卒業生が中学校に勤務していた時の担当学科の内訳を示している。

表3-5によれば、第1期卒業生のうち、中学校に勤務したことのある者は20名中わずかに6名（30%）であった。

そして、第2期卒業生、第3期卒業生と中学校に勤務したことのある卒業生が減少し、中学校に勤務した者は、第2期卒業生22名中5名（23%）、第3期卒業生においては21名中、およそ1割にあたる2名（10%）にすぎなかった（表3-5参照）。

しかし、こうした同時期の卒業生のうち、中学校に勤務していた者の割合が減少するという傾向は、第4期以降、徐々に増加する傾向に変わっていった。

特に、第5期卒業生のうち、中学校に勤務していた者は、18名中9名（50%）と急激に増加している。そして、その後も多少の減少はあるものの、第8期および第9期卒業生のうち、中学校に勤務した者は半数以上いた（表3-5参照）。

表 3-5　東京高等師範学校図画手工専修科卒業生の中学校での勤務経験と担
当学科

期	A 卒業生数	中学校での勤務経験			師範学校での担当学科			
		B 勤務経験者	割合① (B／A)	C 図画科	割合② (C／B)	D 作業科	割合③ (D／B)	
第 1 期	20	6	30.0%	5	83.3%	0	0.0%	
第 2 期	22	5	22.7%	5	100.0%	2	40.0%	
第 3 期	21	2	9.5%	2	100.0%	2	100.0%	
第 4 期	24	4	16.7%	0	0.0%	2	50.0%	
第 5 期	18	9	50.0%	8	88.9%	5	55.6%	
第 6 期	19	7	36.8%	6	85.7%	3	42.9%	
第 7 期	24	8	33.3%	7	87.5%	4	50.0%	
第 8 期	24	12	50.0%	5	41.7%	6	50.0%	
第 9 期	23	15	65.2%	11	73.3%	11	73.3%	
第 10 期	21	6	28.6%	5	83.3%	5	83.3%	
第 11 期	29							
計	245	74	30.2%	54	73.0%	40	54.1%	

注：①各年度の『東京高等師範学校一覧』および『中等教育諸学校職員録』より作成。
　　②第 11 期卒業生については、資料がないためこれを欠く。
　　③２つの学科を担当している者については、それぞれを１名とカウントしてい
　　　る。

　そして、こうした中学校に勤務した卒業生の担当学科についてみると、中学校に勤務した卒業生 74 名のうち 54 名（73％）の者が図画科を担当していたことがわかる（表 3-5 参照）。

　また、第 2 期卒業生以降は、作業科を担当する卒業生もいた。特に第 9 期および第 10 期卒業生は、7 割以上の者が中学校で作業科を担当しており、東京高等師範学校図画手工専修科の中学校教員養成の機能が、作業科の教員養成にも拡大するようになったことを示唆している。

　このように、第 1 期から第 11 期までの卒業生 245 名中少なくとも 72 名（30％）の者が中学校で勤務していた。これは、およそ全卒業生の 3 割の者が中学校教員として勤務していたことになり、全体的にみるならば、東京高等師範学校図画手工専修科の中学校教員養成に対しての影響力は小さかったとみることができる。しかし、第 4 期卒業生以降、中学校に勤務していた者の割合

は増加する傾向になり、第8期および第9期卒業生においては、師範学校教員として勤務していた者よりも、中学校に勤務する者の割合が多くなり、そのほとんどは図画科や作業科を担当していた。

3. 高等女学校での勤務経験と担当学科

　表3-6は、東京高等師範学校図画手工専修科卒業生のうち高等女学校に勤務した経験のある卒業生の数とその卒業生が高等女学校に勤務していた時の担当学科の内訳を示している。

　これによると、第1期卒業生および第2期卒業生のうち、高等女学校に勤務したことのある者は、それぞれおよそ3割の6名ずつで、中学校に勤務したことのある者とほぼ同数であった。そして、第1期卒業生および第2期卒業生のうち高等女学校に勤務していた者12名中7名が、図画科を担当してい

表3-6　東京高等師範学校図画手工専修科卒業生の高等女学校での勤務経験と担当学科

期	A 卒業生数	高等女学校での勤務経験			高等女学校での担当学科			
		B 勤務経験者数	割合① (B／A)		C 図画科	割合② (C／B)	D その他	割合③ (D／B)
第 1 期	20	6	30.0%		2	33.3%	3	50.0%
第 2 期	22	6	27.3%		5	83.3%	4	66.7%
第 3 期	21	7	33.3%		3	42.9%	3	42.9%
第 4 期	24	10	41.7%		6	60.0%	7	70.0%
第 5 期	18	3	16.7%		3	100.0%	1	33.3%
第 6 期	19	6	31.6%		5	83.3%	4	66.7%
第 7 期	24	7	29.2%		6	85.7%	1	14.3%
第 8 期	24	3	12.5%		0	0.0%	0	0.0%
第 9 期	23	2	8.7%		1	50.0%	1	50.0%
第 10 期	21	1	4.8%		1	100.0%	1	100.0%
第 11 期	29							
計	245	51	20.8%		32	62.7%	25	49.0%

注：①各年度の『東京高等師範学校一覧』および『中等教育諸学校職員録』より作成。
　　②第11期卒業生については、資料がないためこれを欠く。
　　③2つの学科を担当している者については、それぞれを1名とカウントしている。

た（表 3-6 参照）。

　第 3 期卒業生および第 4 期卒業生にかけて、高等女学校に勤務した者が増加し、第 4 期卒業生においては、高等女学校に勤務した者の数が、24 名中 10 名（42％）になった。そして、第 4 期卒業生で高等女学校に勤務していた者 10 名のうち、図画科を担当していたのは、6 名（60％）いた（表 3-6 参照）。

　そして、第 5 期卒業生においては、高等女学校に勤務した者の割合が激減し、第 5 期卒業生 18 名のうち、高等女学校に勤務した者はわずかに 3 名のみになった。しかし、3 名中すべての者が図画科を担当していた（表 3-6 参照）。

　その後、第 6 期卒業生には、高等女学校に勤務した者が、卒業生の 3 割の 6 名と増加したが、第 7 期卒業生以降、再び減少していき、第 9 期卒業生からは、高等女学校に勤務した者は 1 割に満たなかった。この間、第 6 期卒業生で高等女学校に勤務していた者 6 名中 5 名、第 7 期卒業生で高等女学校に勤務していた者 7 名中 6 名と、高等女学校に勤務した卒業生のほとんどの者が図画科を担当していた（表 3-6 参照）。

　このようにみると、東京高等師範学校図画手工専修科の高等女学校教員の養成に対する影響力は、大きくなかったとみられる。第 1 期から第 10 期までの間、高等女学校に勤務していた卒業生は、全卒業生 245 名中 51 名（21％）と、全卒業生数の 2 割程度のみであった。また、第 2 期から第 4 期までの間は、中学校よりも高等女学校で勤務していた卒業生の数が多かったけれども、それでも 4 割程度の者が高等女学校で勤務していたのみであった。その後、第 5 期卒業生から、高等女学校で勤務する者が激減し、次第に高等女学校で勤務していた者の割合は減少していった。

第 3 節　小括

　東京高等師範学校図画手工専修科は、1899（明治 32）年、高等師範学校に手工専修科として設置され、1901（明治 34）年 3 月に卒業生 20 名を出した。そして、必ずしも順調とはいえない面をもつものの、1941（昭和 16）年 3 月までに、合計 11 回生徒を募集し、245 名の卒業生を出した。

　こうした 245 名の卒業生の各年度の勤務先内訳をみると、1912（大正 12）年以降、師範学校もしくは女子師範学校に勤務する者が、継続して 40 名から 50 名いた。また、卒業生の 8 割以上の者が、卒業後すぐに文部省または文部大臣の「指定」に従って師範学校に勤務していた。そして、1934（昭和 9）年からは、中学校に勤務した卒業生の数が急増し、1936（昭和 11）年には、中学校に勤務する卒業生の数が師範学校とほぼ同数になった。さらに、1927（昭和 2）年からは、高等女学校に勤務する者が継続して 20 名前後いた。

　また、各時期の卒業生の師範学校、中学校、高等女学校における勤務状況をみると、第 1 期から第 11 期までの卒業生 245 名中、少なくとも 129 名（53％）の者が師範学校に勤務し、そのうちの 8 割以上にあたる 110 名が手工科を担当していた。中学校には、245 名中、少なくとも 74 名（30％）の卒業生が勤務し、そのほとんどは、図画科や作業科の担当であった。また、高等女学校には、245 名中、少なくとも 51 名（21％）の卒業生が勤務していた。

　以上のように、東京高等師範学校図画手工専修科の卒業生の勤務先動向を分析すると、少なくとも 2 つの特徴が指摘できる。

　第 1 に、文部省または文部大臣の「指定」に従って、卒業生の多くが師範学校や女子師範学校に勤務したこともあり、全卒業生の 5 割以上の者が、師範学校に勤務していたという点である。具体的には、1912（大正 2）年から 1937（昭和 12）年まで、毎年 40 名から 50 名の者が師範学校および女子師範学校に勤務し、そのほとんどの者が手工科を担当していた。これは、例えば 1922（大正 11）年当時、師範学校で手工科を担当する教員が 105 名おり、そのうちの 38 人（36％）が図画手工専修科の卒業生であったことになる。また、同年、師範学校は 95 校あり、そのうちの 4 割にあたる 38 校に図画手工専修科の卒業生が勤務し手工科を担当していたことになる。そして、ほとんどの年においても、このように 3 割以上の師範学校に図画手工専修科の卒業生が勤務していた。これらの点から、東京高等師範学校図画手工専修科は、師範学校の手工科教員を養成するという役割を相当程度果たしていたと考えられる。

　第 2 に、1930 年代、特に第 9 期（1934 年 3 月卒業）卒業生の 6 割以上が文部大臣の指定によって卒業後すぐに中学校に就職し、これ以降の卒業生で中学

校に勤務した者の 7 割以上が作業科を担当していた点である。これは、1932
（昭和 7）年、中学校の作業科の新設にともなって、文部省が「農業、工業、
手工ノ教員免許状ハ当分ノ内作業科ノ教員免許状ト同一ノ効力ヲ有ス」[6] と指
示したことによるものと思われる。このことから、とりわけ、1930 年以降、
東京高等師範学校図画手工専修科が中学校作業科の教員養成に果たした役割は
小さくなかったと考えられる。

　つまり、東京高等師範学校図画手工専修科は、手工科担当師範学校教員の
供給にとって量的に相当程度大きな役割を果たしていたといえる。ただし、
1931（昭和 6）年以降は、こうした手工科担当師範学校教員の養成・供給に加
え、作業科担当中学校教員の養成・供給の役割も、同時に強めていったといえ
る。

　そして、こうした結果は、戦前日本の手工科担当師範学校教員の供給が、実
態としては東京高等師範学校図画手工専修科を中心に行われていたことを示唆
していると考えられる。したがって、手工科担当師範学校教員の養成の営みの
解明には、東京高等師範学校図画手工専修科における教員構成、学科課程等の
教員養成の営みについて分析することが、最重要かつ有効な方法であると考え
られる。

注
1）　東京文理科大学編『創立六十年』東京文理科大学、1931 年、p.253。
2）　国立教育研究所編『日本近代教育百年史』第九巻産業教育 1、教育研究振興会、1974 年、
　　p.292。
3）　東京文理科大学編、前掲 1）、p.254。
4）　同上書、p.255。
5）　同上。
6）　「師範学校中学校高等女学校法制及経済理科農業工業手工教員免許状の効力に関する件」
　　（1932 年 8 月文部省令第 16 号）。

第4章

東京高等師範学校図画手工専修科における教員構成と学科課程

はじめに

　学校における教育実践は、教師に依存する部分が大きい。そのため、ある教育機関における教員構成は、当該教育機関で営まれる教育活動のあり方を規定する最も重要な条件の１つと考えられる。したがって、東京高等師範学校図画手工専修科の教員養成も、その教員構成の面からとらえることは有益であろう。

　また、ある教育機関における教育課程は、当該教育機関で営まれる教育活動を知るうえで、最も重要な手がかりになると考えられる。したがって、東京高等師範学校図画手工専修科における手工科教育の営みを、その学科課程の特徴から分析することは、最重要かつ有効な方法であろう。

　したがって、本章では、東京高等師範学校図画手工専修科における教員養成を、①教員構成、②学科課程、の２側面から分析する。具体的には、

　第１に、東京高等師範学校図画手工専修科における教員構成については、各年度の『(東京)高等師範学校一覧』の「現在職員」の項から、東京高等師範学校において手工科および図画科に関する授業を担当する教員スタッフの人数と構成を分析する。

　第２に、東京高等師範学校図画手工専修科の学科課程について、各年度の『(東京)高等師範学校一覧』の「専修科規則」の項から、①手工科と他学科の関係、②手工科のうちの実習時間の配当、の２側面から検討する。

　これらの分析を通して、本章では、東京高等師範学校図画手工専修科におけ

る教員構成とそれら人的構成に含まれる若干の特質、および学科課程の特徴について明らかにしたい。

第1節　東京高等師範学校図画手工専修科における教員構成

1. 第Ⅰ期（1886年〜1906年）の教員構成

　第Ⅰ期（1886年〜1906年）においては、1899（明治32）年に手工専修科が設置されることにともない、それまで理化学科で手工科を担当していた後藤牧太および西毅三郎にかわって、教授の上原六四郎、助教授の岡山秀吉の2名が高等師範学校の手工科を担当することとなり、「学科主任」と称する同校の手工科教育の責任者には上原がなった。しかし、上原は、1902（明治35）年を最後に教授の座を退き、1903（明治36）年からは岡山が手工科の学科主任となった（図4-1参照）。

　上原はわが国に手工科が設置される以前の1883（明治16）年ころから、東京商業学校附属商工徒弟講習所で木工の実技を研究し、手工科教育の必要性を

写真4-1　上原六四郎

写真4-2　岡山秀吉

主張していたことから、わが国における手工科教育の「開祖として仰ぐべき先覚者」[1]とされる人物である。高等師範学校に手工科専任のポストが設けられ、その初代の教授に任ぜられた（写真 4-1）。

また、岡山は、「手工教育の発展に尽く」[2]し、「わが国手工教育の方針を揺るぎないもの」[3]にしたことから「手工教育の確立者」[4]とされる人物である。1893（明治 26）年から 3 年間千葉県尋常師範学校で手工科を担当した後、1896（明治 29）年から秋田県秋田市工業徒弟学校で教諭兼校長として勤務していた。高等師範学校に手工専修科が設置されるとともに、上原自身から上原の「女房役」[5]として推挙され、同校に助教授（1900 年からは兼附属小学校訓導）として招かれたとされている（写真 4-2）。

そして、1905（明治 38）年からは上原、岡山に助教授の阿部七五三吉を加えた 3 名で手工科を担当することになり、手工科の学科主任には、引き続き岡山がなった（図 4-1 参照）。

阿部は、上原および岡山の教え子となる第 1 期手工専修科の卒業生（1901 年卒業）の 1 人で、「岡山秀吉とともに日本の普通教育にふさわしい人間形成の一環としての手工教育の振興にその生涯をあげて尽瘁した」[6]ことから、後に「手工教育の志士」[7]と評される人物である。手工専修科を卒業した後に 1904（明治 37）年まで佐賀県師範学校に勤務し、1905（明治 38）年に東京高等師範学校の助教授兼附属小学校訓導として着任した（写真 4-3）。

他方で、図画科に関する授業については、1899（明治 32）年から 1901（明治 34）年までは助教授の白浜徴、講師の小山正太郎、および副手の平木政次に、講師の本多祐輔、浅井忠、大原鉦一郎を加えた 3 ないし 5 名、1902（明治 35）年から 1905（明治 38）年までは講師の小山と副

写真 4-3　阿部七五三吉

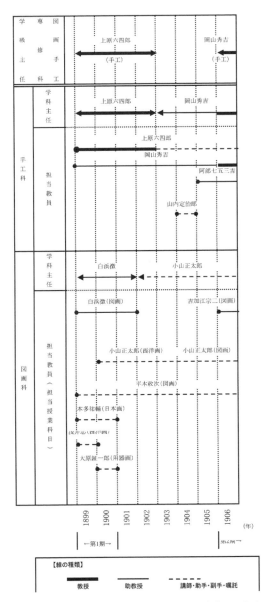

図 4-1　第 I 期（1886 年～ 1906 年）の東京
高等師範学校における手工科・図画科担当教員
注：各年度の『(東京) 高等師範学校一覧』より作成。

手の平木の2名、1906（明治39）年には、小山および平木に助教授の吉加江宗二を加えた3名の教員で担当していた（図4-1参照）。

　また、図画科の学科主任には、1899（明治32）年から1901（明治34）年にかけては助教授の白浜がなっていた。その後、1902（明治35）年に白浜が東京美術学校の教授に転任したため、同年から講師の小山が学科主任となり、1906（明治39）年には吉加江が助教授に着任するけれども、引き続き小山が学科主任になっていた（図4-1参照）。

　白浜は、1889（明治22）年から東京美術学校で学び、卒業後に故郷長崎県の活水女学校に就職したが、1895（明治28）年に「校長嘉納治五郎の懇望」[8]により、高等師範学校の助教授となった。白浜は、図画教育を「普通教育の段階から施すことの意義に目覚め」[9]、小学校から図画科を正課として位置づけるために新たに教科書を作成することが必要であるとして、多くの教科書を著しながら、わが国の「図画教育の進歩発展に寄与」[10]した人物である（写真4-4）。

　また、小山も同様に、図画教室の設備を工夫したり、最初の国定教科書となる『鉛筆画手本』をはじめとする多くの教科書を著作したことから、「明治

写真4-4　白浜徴

写真4-5　小山正太郎

前期の図画教育草創期に功績のあった」[11]人物の 1 人とされている。小山は、1876（明治 9）年から工部美術学校で学び、1878（明治 11）年東京師範学校の洋画の教員となり、その後、当時の校長「高嶺秀夫と意見が合わず」[12]退職したけれども、1898（明治 31）年に高等師範学校に復職した（写真 4-5）。

　そして、こうした手工科および図画科に関する授業を担当する教員の中には、「学級主任」と称する手工専修科および図画手工専修科における教育全体の責任者のポストがおかれていた。この時期は、1899（明治 32）年に手工専修科、1906（明治 39）年に図画手工専修科が設置されたけれども、手工専修科の学級主任は上原、図画手工専修科の学級主任は岡山と、どちらの学級主任も手工科の学科主任が担っていた（図 4-1 参照）。

　以上のように、第 I 期（1886 年～ 1906 年）においては、手工科の授業を毎年 2 ないし 3 名、図画科に関する授業を 1899（明治 32）年から 1900（明治 33）年にかけては、4 ないし 5 名、1901（明治 34）年以降は 2 ないし 3 名の教員が担当した。

　そして、東京高等師範学校における手工科教育は、上原六四郎および岡山秀吉、図画科教育は、白浜徴および小山正太郎が中心となって行われていたとみることができる。

　また、第 1 期手工専修科の学級主任には上原六四郎、第 2 期図画手工専修科の学級主任には岡山秀吉が就いており、上原および岡山が、図画手工専修科における教員養成の中心的役割を担っていたと考えられる。

2. 第 II 期（1907 年～ 1925 年）の教員構成

　第 II 期（1907 年～ 1925 年）において、手工科は、1907（明治 40）年から 1912（大正元）年にかけて、教授の岡山、助教授の阿部、講師の上原に、小河雅男（1907 年）、市川幸三（1908 年）などの副手を加えた合計 3 ないし 4 名の教員が担当していた。また、1913（大正 2）年から 1921（大正 10）年は、ほぼ毎年、教授の岡山、助教授の阿部に、星田武一郎（1914 年）、山本助五郎（1915 年）などの副手を 1 名加えた合計で 3 名の教員が、手工科を担当してい

た。そして、1924（大正 13）年から 1925（大正 15）年は、手工科を担当する教員は、岡山、阿部に、副手 2 名などを加えた合計 4 ないし 5 名になった（図 4-2 参照）。

　他方、図画に関する授業を担当する教員は、1914（大正 3）年までは、助教授の吉加江や板倉賛治、講師の小山、助手の平木らの 3 ないし 4 名いた。また、1919（大正 8）年以降は、毎年、助教授の板倉、講師の石川寅治に、講師や助教授を 3 ないし 4 名くわえた合計 5 ないし 6 名の教員が、図画科に関する授業を担当するようになった（図 4-2 参照）。

　そして、手工科の学科主任には、第 I 期（1886 年〜 1906 年）の終わりに引き続いて、岡山がなっていた。ただし、1911（明治 44）年から 1912（大正元）年にかけては、岡山が欧米留学中であったため、講師の上原が学科主任になっていた（図 4-2 参照）。

　また、図画科の学科主任には、1915（大正 4）年までは、講師の小山、1916（大正 5）年からは、助教授の板倉がなった（図 4-2 参照）。

　板倉は、図画手工専修科の第 2 期卒業生（1907 年卒業）で、同専修科卒業後、すぐに高等師範学校の図画科の助教授兼助教諭として着任した。着任後は、同校や附属中学校の図画科の研究、教授、指導に専念するとともに、教員検定の試験委員を務めたり、国定教科書の編纂にあたるなど、「わが国の図画教育に尽瘁した」[13] ことから、「図画教育の開拓者」[14] とされている（写真 4-6）。

写真 4-6　板倉賛治

　そして、この時期の図画手工専修科の学級主任については、1911（明治 44）年から 1912（大正元）年にかけて岡山が欧米留学していた時期をのぞいて、一貫して手工科の学科主任である岡山がなっていた（図 4-2 参照）。

　このように、第 II 期（1907 年〜 1925

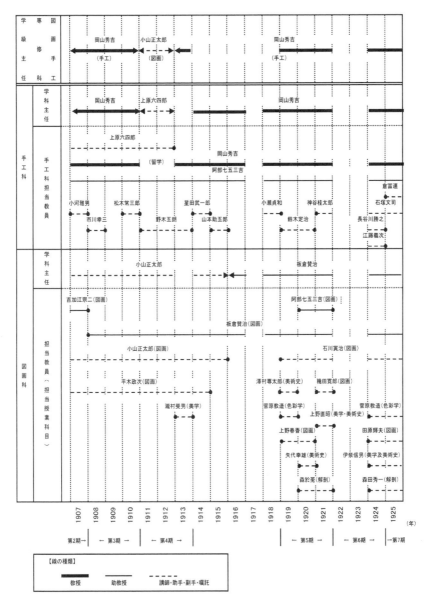

図4-2　第Ⅱ期（1907年〜1925年）の東京高等師範学校における手工科・図画科担当教員

注：各年度の『（東京）高等師範学校一覧』より作成。

年）においては、手工科を担当する教員は、1907（明治40）年から1921（大正10）年は、毎年3ないし4名おり、1924（大正13）年以降は、4ないし5名に増加した。図画科に関する授業を担当する教員は、1918（大正7）年までは、毎年3ないし4名おり、1919（大正8）年以降、5ないし6名に増加した。

　また、手工科の学科主任には、一時期を除いては、一貫して岡山秀吉、図画科の学科主任には、1915（大正4）年までは小山正太郎、1916（大正5）年からは、助教授の板倉賛治がなっており、東京高等師範学校における手工科教育および図画科教育が彼らを中心に行われていたとみることができる。

　そして、この時期は、図画手工専修科の学級主任には、留学の時期をのぞいては、一貫して手工科の学科主任である岡山がなっており、岡山が同専修科の教員スタッフの中心であり、同専修科における教員養成の中心的な役割を果たしていたと考えられる。

3．第Ⅲ期（1926年〜1942年）の教員構成

　第Ⅲ期（1926年〜1942年）においては、手工科を担当する教員が、第Ⅱ期（1907年〜1925年）よりもさらに増加し、1927（昭和2）年までは、教授の岡山と阿部に、副手を3名加えた合計5名の教員が手工科を担当した（図4-3参照）。

　また、1929（昭和4）年には、岡山に代わって、第3期図画手工専修科卒業生（1911年卒業）で、長崎県師範学校や岐阜県師範学校で手工科を担当していた伊藤信一郎が教授兼附属中学校教諭として着任した（図4-3参照）。

　そして、これ以降、ほぼ毎年、教授である阿部と伊藤に、副手を加えた合計5ないし6名の教員が、手工科を担当していた（図4-3参照）。

　しかし、1935（昭和10）年から手工科担当教授であった阿部と伊藤は講師となり、その後は、1938（昭和13）年に第5期図画手工専修科卒業生（1922年卒業）である三苫正雄が着任するけれども、少なくとも1939（昭和14）年までは手工科担当教授が不在の時期が続いた。（図4-3参照）。

　他方、図画科に関する授業は、1937（昭和12）年までは、教授の板倉や講

師の石川、菅原教造、伊奈信男、田原輝夫に加えて、手工科も担当していた阿部や伊藤も図画科を担当し、ほぼ毎年 4 ないし 6 名の教員が担当した（図 4-3参照）。

しかし、1938（昭和 13）年以降、板倉と田原のほかに、図画科に関する授業を担当したのは、講師の斉藤保の 1 名のみで、図画科に関する授業は、2 ないし 3 名で担当することになった（図 4-3 参照）。

そして、手工科の学科主任については、手工研究のための欧米留学中を除いて 20 年以上学科主任を務めていた岡山が、1927（昭和 2）年をもってその職を退き、これにかわって、教授になった阿部が、1928（昭和 3）年から学科主任になった。さらに、阿部が 1937（昭和 12）年をもって、その職を退き、1938（昭和 13）年からは、三苫正雄が新たに学科主任になった（図 4-3 参照）。

また、図画科の学科主任は、一貫して板倉がなっていた（図 4-3 参照）。

さらに、この時期の図画手工専修科の学級主任については、1929（昭和 4）年からは、手工科の学科主任である阿部がなっていた。しかし、1934（昭和 9）年をもって、阿部が教授を退き、1935（昭和 10）年からは講師になったことから、図画科の学科主任である板倉が、学級主任になった。1938（昭和 13）年に助教授の三苫が、手工科の学科主任になるけれども、学級主任になることはなかった（図 4-3 参照）。

このように、第Ⅲ期（1926 年〜 1942 年）においては、手工科を担当する教員の数は、5 ないし 6 名と増加しているけれども、1936（昭和 11）年以降は、それまで、上原六四郎、岡山秀吉、阿部七五三吉と続いてきた手工科の教授が 1 人もいなくなってしまった。また、図画科に関する授業を担当する教員は、1937（昭和 12）年までは、4 ないし 6 名いたけれども、1938（昭和 13）年以降は、2 ないし 3 名に減ってしまった。

そして、図画手工専修科の学級主任には、1929（昭和 4）年から岡山にかわって、阿部七五三吉が着任した。また、1935（昭和 10）年から、阿部にかわって、図画科の板倉賛治が着任し、これ以降は板倉が学級主任を務めていった。

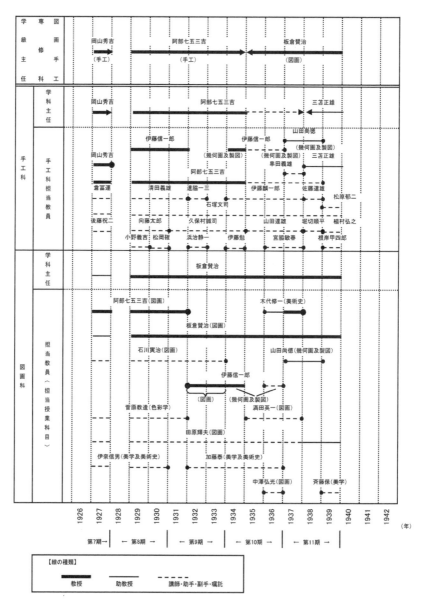

図 4-3　第Ⅲ期（1926 年〜 1942 年）の東京高等師範学校における手工科・
図画科担当教員

　　　注：各年度の『（東京）高等師範学校一覧』より作成。

第2節　東京高等師範学校図画手工専修科の学科課程

1. 第Ⅰ期（1899年〜1901年）の学科課程

　前述のように、手工専修科が設置されたのは、1899（明治32）年のことである。手工専修科の修業年限は、同年3月に制定された「官費専修科規則」によって、当初は1899（明治32）年4月から1901（明治34）年7月までの2年と1学期とされていたが、1900（明治33）年1月に「官費専修科規則」が改正され、1901（明治34）年3月までの2年に短縮された。

　また、学科目は倫理、教育学、国語、物理、数学、手工、図画、体操の8学科目とされ、全学科の週当り教授時間の合計35ないし36時間のうち、手

表4-1　1900年制定「官費専修科規則」による各学科の毎週教授時間配当

学科目	第1学年			第2学年		
	1学期	2学期	3学期	1学期	2学期	3学期
倫理	1	1	1	1	1	
教育学	2	2	2	4	4	10
国語	2	2				
物理				3	3	
数学	3	3	2			
手工	14 (12)	14 (12)	14 (12)	14 (12)	14 (12)	14 (12)
図画（用器画、自在画）	10	10	14	12	12	12
体操	3	3	2	2	2	
合計	35 (12)	35 (12)	35 (12)	35 (12)	35 (12)	35 (12)

注：① 1900（明治33）年の『高等師範学校一覧』より作成。
　　② （　）は実習の時間の内数を表す。
　　③ この他に随意科として英語（1週3時）を課す。
　　④ 第2学年3学期の教育学は、実地授業とする。
　　⑤ 自在画は、第2学年の1学期および2学期においては毛筆画および鉛筆画を課し、第2学年3学期からはどちらか一方を専修する。

工科には、第1学年および第2学年ともに、1年を通じて、講義2時間および実習12時間の合計14時間（全体の39〜40％）の教授時間が配当され、その多くは実習の時間とされていた。また、図画科には、第1学年の1学期と2学期には10時間（全体の29％）、同学年の3学期には14時間（全体の40％）、第2学年には1年を通じて12時間（全体の34％）の教授時間が配当された（表4-1参照）。

そして、1906（明治39）年、手工専修科は図画手工専修科へと改称されて設置された。同年1月制定の「官費専修科規則」によると、修業年限は、1906（明治39）年4月から1908（明治41）年3月までの2年で、学科目は、倫理、教育、手工、図画、数学、物理、体操の7学科目とされた（表4-2参照）。

ここでは、全学科の週当りの教授時間の合計34時間のうち、手工科には、

表4-2　1906年制定「官費専修科規則」による各学科の毎週教授時間配当

学科目	第1学年			第2学年		
	1学期	2学期	3学期	1学期	2学期	3学期
倫理	1	1	1	1	1	
教育	2	2	2	2	2	
手工	13 (10)	13 (10)	13 (10)	14 (12)	14 (12)	17 (12)
図画	14	14	14	13	13	17
数学	2	2	2			
物理				2	2	
体操	2	2	2	2	2	
合計	34 (10)	34 (10)	34 (10)	34 (12)	34 (12)	34 (12)

注：①1906（明治39）年の『東京高等師範学校一覧』より作成。
　　②（　）は実習の時間の内数を表す。
　　③第2学年3学期においては、上記の時間内で附属学校にて授業練習をする。
　　④随意科目を英語とする。
　　⑤課外講義として、化学、動物学、植物学担当の教授は、顔料、絵の具、写生画等に関する注意を与える。

第 1 学年においては講義 3 時間および実習 5 回、第 2 学年 1 学期と 2 学期においては講義 2 時間および実習 6 回、同学年 3 学期においては講義 5 時間および実習 6 回の教授時間が配当された。この実習の 1 回の教授時間数については、同規則においては、明確に規定されていない。しかし、従前の「官費専修科規則」において、物理化学専修科の学科課程に、実験や実習の 1 回の教授時間がおよそ 2 時間と規定されていることから、手工科の実習の時間についても、1 回の実習がおよそ 2 時間程度であったと考えられる。

　したがって、第 2 期図画手工専修科の学科課程において、手工科の実習には、第 1 学年において 10 時間程度、第 2 学年において 12 時間程度の教授時間が配当されていたと考えられる。すなわち、第 2 期図画手工専修科の学科課程において、手工科には、第 1 学年においては、合計 13 時間程度（38％）、第 2 学年においては、14 ～ 17 時間程度（41 ～ 50％）の教授時間が配当されていたことになる。

　また、図画科については、全学科の週当りの教授時間の合計 34 時間のうち、第 1 学年で 14 時間（41％）、第 2 学年の 2 学期までに 13 時間（38％）、同学年 3 学期に 17 時間（50％）の教授時間が配当された。

　そして、第 2 学年の 3 学期には、附属学校での「授業練習」が課されていた（表 4-2 参照）。

　以上のように、第Ⅰ期（1899 年～ 1901 年）においては、倫理、教育学、国語、物理、数学、手工、図画、体操といった 7 ないし 8 学科で学科課程が編成され、手工科および図画科にはそれぞれ全学科の週あたりの教授時間の合計の 4 割から 5 割程度の教授時間が配当されていた。

2. 第Ⅱ期（1907 年～ 1924 年）の学科課程

　1907（明治 40）年 11 月、「官費専修科規則」にかわって、「東京高等師範学校専修科規則」が制定された。同規則によると、第 3 期図画手工専修科の修業年限は、1908（明治 41）年の 4 月から 1912（明治 44）年 3 月の 3 年とされ、1 年延長された。学科目は、それまでの 7 学科目に化学が加わり、合計 8 学科

目とされた（表4-3参照）。

　ここでは、全学科の週当りの合計教授時間36時間程度のうち、手工科には、第1学年と第2学年に講義5時間および実習5回（10時間程度）の合計15時間程度（42％）、第3学年に講義3ないし7時間および実習6回（12時間程度）の合計15ないし19時間程度（42〜53％）、図画科については、第3学年の2学期まで14時間（39％）、第3学年の3学期に17時間（47％）の教授時間数が配当された。

　また、第3学年の3学期には、これらの授業時間内に附属学校で「授業練習」をすることとされた（表4-3参照）。

　そして、1911（明治44）年4月には、第4期の図画手工専修科が設置された。1910（明治43）年8月制定の「東京高等師範学校専修科規則」によると、第4期図画手工専修科の修業年限は、1914（大正3）年までの3年とされ、学科

表4-3　1907年制定「東京高等師範学校専修科規則」による各学科の毎週教授　時間配当

学科目	第1学年			第2学年			第3学年		
	1学期	2学期	3学期	1学期	2学期	3学期	1学期	2学期	3学期
倫理	1	1	1	1	1	1	1	1	
教育	2	2	2	2	2	2	2	2	
手工	15 (10)	15 (10)	15 (10)	15 (10)	15 (10)	15 (10)	15 (12)	15 (12)	19 (12)
図画	14	14	14	14	14	14	14	14	17
数学	2	2	2						
物理					2	2	2		
化学								2	2
体操	2	2	2	2	2	2	2	2	
合計	36 (10)	36 (10)	36 (10)	36 (10)	36 (10)	36 (10)	36 (12)	36 (12)	36 (12)

注：①1908（明治41）年の『東京高等師範学校一覧』より作成。
　　②（　）は実習の時間の内数を表す。
　　③第3学年3学期においては、上記の時間内で附属学校にて授業練習をする。
　　④随意科目を英語とする。
　　⑤課外講義として、化学、動物学、植物学担当の教授は、顔料、絵の具、写生画等　　に関する注意を与える。

目は従来の 8 学科目に歴史、美学が加わり、倫理、教育、手工、図画、歴史、美学、数学、物理、化学、体操の 10 学科目となった（表 4-4 参照）。

　手工科の教授時間数に変更はなく、全学科の週当りの合計教授時間 38 時間程度のうち、15 時間（39％）の手工科が第 4 期生にも課されていた。そして、そのうち、10 時間程度が実習の時間とされていた。また、図画科についても、変更はなかった（表 4-4 参照）。

　1919（大正 8 年）4 月には、第 5 期の図画手工専修科が設置された。同年 4 月制定の「東京高等師範学校専修科規則」によると、第 5 期図画手工専修科の修業年限は、1919（大正 8）年 4 月から 1922（大正 11）年 3 月の 3 年で、学科目は歴史がなくなり、解剖及色彩學、英語の 2 学科目が加わって、倫理、教育、手工、図画、解剖及色彩学、美学及美術史、英語、数学、物理、化学、

表 4-4　1910 年制定「東京高等師範学校専修科規則」による各学科目の毎週教授時間配当

学科目	第 1 学年			第 2 学年			第 3 学年		
	1 学期	2 学期	3 学期	1 学期	2 学期	3 学期	1 学期	2 学期	3 学期
倫理	1	1	1	1	1	1	1	1	
教育	2	2	2	2	2	2	2	2	
手工	15 (10)	15 (10)	15 (10)	15 (10)	15 (10)	15 (10)	15 (12)	15 (12)	19 (12)
図画	14	14	14	14	14	14	14	14	17
歴史	2	2	2	2	2	2			
美学							2	2	
数学	2	2	2						
物理				2	2	2			
化学							2	2	
体操	2	2	2	2	2	2	2	2	
合計	38 (10)	38 (10)	38 (10)	38 (10)	38 (10)	38 (10)	38 (12)	38 (12)	38 (12)

注：① 1911（明治 44）年の『東京高等師範学校一覧』より作成。
　　② （ ）は実習の時間の内数を表す。
　　③第 3 学年 3 学期においては、上記の時間内で附属学校にて授業練習をする。
　　④随意科目を英語とする。また、課外講義として、化学、動物学、植物学担当の教授は、顔料、絵の具、写生画等について時々講義する。

体操の11学科目となった（表4-5参照）。

　そして、全学科の週当りの合計教授時間38時間のうち、手工科には、第1学年に講義5時間および実習4回（およそ8時間）の合計13時間（34％）、第2学年に講義4時間および実習5回（およそ10時間）の合計14時間（37％）、第3学年に講義5時間および実習5回（およそ10時間）の合計15時間（39％）の教授時間が配当された。

　また、図画科には、第1学年に12時間（32％）、第2学年には13時間（34％）、第3学年には14時間（37％）の教授時間が配当された。

　さらに、第3学年の3学期には、これらの授業時間内に附属学校で「授業練習」を行うこととされた（表4-5参照）。

表4-5　1919年制定「東京高等師範学校専修科規則」による各学科目の毎週教授時間配当

学科目	第1学年			第2学年			第3学年		
	1学期	2学期	3学期	1学期	2学期	3学期	1学期	2学期	3学期
倫理	1	1	1	1	1	1	1	1	
教育	2	2	2	2	2	2	2	2	
手工	13 (8)	13 (8)	13 (8)	14 (10)	14 (10)	14 (10)	15 (10)	15 (10)	15 (10)
図画	12	12	12	13	13	13	14	14	14
解剖及色彩学	2	2	2						
美学及美術史	2	2	2	2	2	2	2	2	
英語	2	2	2	2	2	2	2	2	
数学	2	2	2						
物理				2	2	2			
化学							2	2	
体操	2	2	2	2	2	2	2	2	
合計	38 (8)	38 (8)	38 (8)	38 (10)	38 (10)	38 (10)	38 (12)	38 (12)	29 (10)

注：① 1919（大正8）年の『東京高等師範学校一覧』より作成。
　　② （　）は実習の時間の内数を表す。
　　③第3学年3学期においては、上記の時間内で附属学校にて授業練習をする。

　その後、1922（大正 11）年 4 月、第 6 期図画手工専修科が設置された。同年 4 月制定の「東京高等師範学校専修科規則」によると、第 6 期図画手工専修科の修業年限は、1925（大正 14）年 3 月までの 3 年とされ、学科目は心理が加わって、倫理、教育、心理、手工、図画、解剖及色彩学、美学及美術史、英語、数学、物理、化学、体操の合計 12 学科目となった（表 4-6 参照）。

　そして、全学科の週当り合計教授時間 38 時間のうち、手工科には、第 1 学年に講義 4 時間および実習 4 回（8 時間程度）の合計 12 時間（32％）、第 2 学年に講義 3 時間および実習 5 回（10 時間程度）の合計 13 時間（34％）、第 3 学年に講義 4 ないし 5 時間および実習 4 ないし 5 回（8 ないし 10 時間程度）

表 4-6　1922 年制定「東京高等師範学校専修科規則」による各学科目の毎週教授時間配当

学科目	第 1 学年			第 2 学年			第 3 学年		
	1 学期	2 学期	3 学期	1 学期	2 学期	3 学期	1 学期	2 学期	3 学期
倫理	1	1	1	1	1	1	1	1	
教育	2	2	2	4	4	4	5	5	
心理	2	2	2						
手工	12 (8)	12 (8)	12 (8)	13 (10)	13 (10)	13 (10)	12 (8)	12 (8)	15 (10)
図画	11	11	11	12	12	12	12	12	14
解剖及 色彩学	2	2	2						
美学及 美術史	2	2	2	2	2	2	2	2	
英語	2	2	2	2	2	2	2	2	
数学	2	2	2						
物理				2	2	2			
化学							2	2	
体操	2	2	2	2	2	2	2	2	
合計	38 (8)	38 (8)	38 (8)	38 (10)	38 (10)	38 (10)	38 (8)	38 (8)	29 (10)

注：① 1922（大正 11）年の『東京高等師範学校一覧』より作成。
　　②（　）は実習の時間の内数を表す。
　　③第 3 学年 3 学期においては、上記の時間内で附属学校にて授業練習をする。

の合計 12 から 15 時間（32 〜 39%）の教授時間が配当された。

　また、図画科については、第 1 学年に 11 時間（29%）、第 2 学年に 12 時間（32%）、第 3 学年に 12 ないし 14 時間（32 〜 37%）の教授時間が配当された。

　さらに、第 3 学年の 3 学期には、これらの授業時間内に附属学校での「授業練習」を行うこととされた（表 4-6 参照）。

　以上のように、第Ⅱ期（1907 年〜 1925 年）においては、学科課程のなかに、解剖及色彩学、英語、心理などの学科目が次第に加えられ、1922（大正 11）年設置の第 6 期図画手工専修科では、合計で 12 学科目が生徒に課させることになった。そして、全学科の週あたりの教授時間の合計のうち、手工科には 3 割から 5 割程度、図画科には 3 割から 4 割程度の教授時間が配当されていた。

3. 第Ⅲ期（1926 年〜 1942 年）の学科課程

　1925（大正 14）年 4 月設置の第 7 期図画手工専修科の修業年限は、1928（昭和 3）年 3 月までの 3 年で、学科目および毎週教授時間数は第 6 期図画手工専修科と変更はなかった。

　そして、1928（昭和 3）年 4 月には、第 8 期図画手工専修科が設置された。同年 4 月制定の「東京高等師範学校専修科規則」によると、第 8 期生の修業年限は、1931（昭和 6）年 3 月までの 3 年で、学科目は、工業大意が加わり、倫理、教育、心理、手工、図画、工業大意、解剖及色彩学、美学及美術史、英語、数学、物理、化学、体操の 13 学科目となった（表 4-7 参照）。

　ここでは、全学科の週当りの合計教授時間 39.5 時間程度のうち、手工科には、第 1 学年においては、講義 4 時間および実習 4 回（8 時間程度）の合計 12 時間（30%）、第 2 学年においては、講義 3 時間および実習 5 回（10 時間程度）の合計 13 時間（33%）、第 3 学年の 1 学期および 2 学期においては、講義 3 時間および実習 4 回（8 時間程度）の合計 11 時間（28%）の教授時間が配当された。

　また、図画科には、第 1 学年において 11 時間（28%）、第 2 学年において 12 時間（30%）、第 3 学年の 1 学期および 2 学期において 11 時間（28%）の

教授時間が配当された。

　さらに、第3学年の3学期には、これらの授業時間外に「授業練習」を行うこととされた（表4-7参照）。

　そして、1931（昭和6）年4月には、第9期図画手工専修科が設置された。同年4月制定の「東京高等師範学校専修科規則」によると、第9期生の修業年限は、1934（昭和9）年3月までの3年で、学科目および毎週教授時間数は、第8期図画手工専修科と同じであった。

表4-7　1928年制定「東京高等師範学校専修科規則」による各学科目の毎週教授時間配当

学科目	第1学年			第2学年			第3学年		
	1学期	2学期	3学期	1学期	2学期	3学期	1学期	2学期	3学期
倫理	1	1	1	1	1	1	1	1	
教育	2	2	2	4	4	4	5	5	
心理	2	2	2						
手工	12 (8)	12 (8)	12 (8)	13 (10)	13 (10)	13 (10)	11 (8)	11 (8)	15 (10)
図画	11	11	11	12	12	12	11	11	14
工業大意							2	2	
解剖及色彩学	2	2	2						
美学及美術史	2	2	2	2	2	2	2	2	
英語	2	2	2	2	2	2	2	2	
数学	2	2	2						
物理				2	2	2			
化学							2	2	
体操	3.5	3.5	3.5	3.5	3.5	3.5	3.5	3.5	
合計	39.5 (8)	39.5 (8)	39.5 (8)	39.5 (10)	39.5 (10)	39.5 (10)	39.5 (8)	39.5 (8)	29 (10)

注：①1928（昭和3）年の『東京高等師範学校一覧』より作成。
　　②（　）は実習の時間の内数を表す。
　　③これらのほかに、第3学年3学期においては授業練習をする。

　1934（昭和9）年4月、第10期の図画手工専修科が設置された。同年制定の「東京高等師範学校専修科規則」によると、第10期図画手工専修科の修業年限は、1937年3月までの3年とされた。学科目は、解剖及色彩学がなくなって、新たに公民科、園芸、幾何画及製図の3学科目が加わり、倫理、教育学、心理、公民科、手工、図画、園芸、工業大意、幾何画及製図、美術史、英語、

表4-8　1934年制定「東京高等師範学校専修科規則」による各学科目の毎週教授時間配当

学科目	第1学年			第2学年			第3学年		
	1学期	2学期	3学期	1学期	2学期	3学期	1学期	2学期	3学期
倫理	1	1	1	1	1	1	1	1	
教育学	2	2	2	4	4	4	4	4	
心理	2	2	2						
公民科									
手工	12 (8)	12 (8)	12 (8)	11 (8)	11 (8)	11 (8)	11 (8)	11 (8)	15 (10)
図画	8 (8)	8 (8)	8 (8)	8 (8)	8 (8)	8 (8)	8 (8)	8 (8)	12 (8)
園芸	4 (2)	4 (2)	4 (2)	4 (2)	4 (2)	4 (2)	4 (2)	4 (2)	
工業大意				2	2	2			
幾何画及製図	2	2	2	2	2	2			
美術史	2	2	2	2	2	2			
英語	2	2	2	2	2	2	2	2	
数学	2	2	2						
物理				2	2	2			
化学							2	2	
体操	3	3	3	3	3	3	3	3	
合計	40 (18)	40 (18)	40 (18)	41 (18)	41 (18)	41 (18)	40 (18)	40 (18)	27 (18)

注：①1934（昭和8）年の『東京高等師範学校一覧』より作成。
　　②（　）は実習の時間の内数を表す。また、体操の中には、教練1.5時間を含む。
　　③これらのほかに、第3学年3学期においては授業練習をする。

数学、物理、化学、体操の 15 学科目とされた（表 4-8 参照）。

　そして、全学科の週当りの合計教授時間 40 ないし 41 時間のうち、手工科には、第 1 学年においては講義 4 時間および実習 4 回（8 時間程度）の合計 12 時間（30％）、第 2 学年においては講義 3 時間および実習 4 回（8 時間程度）の合計 11 時間（27％）、第 3 学年の 2 学期までは、講義 2 時間および実習 4 回（8 時間程度）の合計 10 時間（25％）、第 3 学年の 3 学期においては、講義 5 時間および実習 5 回（10 時間程度）の合計 15 時間（52％）の教授時間が配当された。

　図画科については、従来講義や実習の区別がされてこなかったけれども、同規則によって、講義と実習の教授時間数が区別され、第 3 学年の 2 学期まではすべて講義のみで、第 3 学年の 3 学期は講義と実習を行うこととされた。そして、第 3 学年の 2 学期まではそれぞれ実習 4 回（8 時間程度・20％）、第 3 学年 3 学期においては講義 4 時間および実習 4 回（8 時間程度）の合計 12 時間（44％）の教授時間が配当された。

　また、従前の通り第 3 学年の 3 学期には、これらの授業時間外に「授業練習」を行うこととされた（表 4-8 参照）。

　その後、1937（昭和 12）年 4 月、戦前期最後になる第 11 期図画手工専修科が設置された。同年制定の「東京高等師範学校専修科規則」によると、第11 期図画手工専修科の修業年限は、1940（昭和 15）年の 3 月までの 3 年で、学科目は、従前のものに色彩学及美学を加えた、倫理、教育学、心理学、公民、手工、図画、園芸、工業大意、幾何画及製図、美術史、色彩学及美学、英語、数学、物理、化学、体操の 16 学科目とされた。

　手工科や図画科についての教授時間、および「授業練習」については、大きな変更はなく、ほぼ従前の通りであった（表 4-9 参照）。

　以上のように、第Ⅲ期（1925 年〜 1942 年）年にかけては、学科目が第Ⅱ期よりもさらに増加していき、第 11 期図画手工専修科では、16 学科目が生徒に課されることになった。そして、全学科の週あたりの教授時間の合計のうち、手工科には 3 割程度、図画科には 2 割から 4 割程度の教授時間が配当されていた。

表4-9　1937年制定「東京高等師範学校専修科規則」による各学科目の毎週教授時間配当

学科目	第1学年			第2学年			第3学年		
	1学期	2学期	3学期	1学期	2学期	3学期	1学期	2学期	3学期
倫理	1	1	1	1	1	1	1	1	
教育学	2	2	2	4	4	4	4	4	
心理学	2	2	2						
公民科									
手工	12 (8)	12 (8)	12 (8)	11 (8)	11 (8)	11 (8)	11 (8)	11 (8)	15 (10)
図画	8 (8)	8 (8)	8 (8)	8 (8)	8 (8)	8 (8)	8 (8)	8 (8)	12 (8)
園芸	4 (2)	4 (2)	4 (2)	4 (2)	4 (2)	4 (2)	4 (2)	4 (2)	
工業大意				2	2	2			
幾何画及製図	2	2	2	2	2	2	2	2	
美術史	2	2	2	2	2	2			
色彩学及美学							2	2	
英語	2	2	2	2	2	2	2	2	
数学	2	2	2						
物理				2	2	2			
化学							2	2	
体操	3	3	3	3	3	3	3	3	
合計	40 (18)	40 (18)	40 (18)	41 (18)	41 (18)	41 (18)	40 (18)	40 (18)	27 (18)

注：①1937（昭和12）年の『東京高等師範学校一覧』より作成。

　　②（　）は実習の時間の内数を表す。

　　③これらのほかに、第3学年3学期においては授業練習をする。

　　④体操3時間の中には、教練1.5時間を含む。

第 3 節　小括

　東京高等師範学校図画手工専修科における教員の身分は、教授、助教授のほかに助手、講師、嘱託、副手と称するものがあり、さらにこれらの教員の中には、「学科主任」と称する手工科および図画科の責任者のほか、「学級主任」と称する図画手工専修科全体の責任者のポストがおかれていた。

　そして、第Ⅰ期（1886 年〜 1906 年）においては、手工科担当教授の上原六四郎および岡山秀吉が「学級主任」となり、手工科は、上原および岡山を中心として、毎年 2 ないし 3 名の教員が担当していた。また、図画科に関する授業は、助教授の白浜徴および講師の小山正太郎が中心となり、1899（明治 32）年から 1900（明治 33）年にかけては 4 ないし 5 名、1901（明治 34）年以降は 2 ないし 3 名の教員が担当した。

　第Ⅱ期（1907 年〜 1925 年）においては、第Ⅰ期から引き続いて手工科担当教授の岡山が「学級主任」となり、手工科は、教授の岡山と助教授の阿部七五三吉を中心として、毎年 3 ないし 5 名の教員が担当していた。また、図画科に関する授業は、助教授の板倉賛治と講師の小山が中心となり、1918（大正 7）年までは 3 ないし 4 名、1919（大正 8）年以降は 5 ないし 6 名の教員が担当していた。

　第Ⅲ期（1926 年〜 1942 年）においては、1934（昭和 9）年までは手工科担当教授であった阿部、1935（昭和 10）年以降は図画科担当教授であった板倉が「学級主任」となっていた。そして、手工科は、1927（昭和 2）年までは教授の岡山ら、1928（昭和 3）年から 1937（昭和 12）年までは教授の阿部ら、1938（昭和 13）年以降は助教授の三苫正雄を中心として、毎年 5 ないし 6 名の教員が担当していた。また、図画科に関する授業は、教授の板倉が中心となり、1937（昭和 12）年までは 4 ないし 6 名、1938（昭和 13）年以降は 2 ないし 3 名の教員が担当していた。

　このような東京高等師範学校図画手工専修科における教員構成を分析すると、その人的構成の特徴として次の 5 点が指摘できる。

　第1に、第1期生から第11期生の各期の手工科担当教員および図画科に関する授業を担当する教員が、第Ⅰ期には上原六四郎、岡山秀吉、白浜徴、小山正太郎を中心とした7ないし8名、第Ⅱ期には岡山、小山、板倉賛治を中心とした7ないし13名、第Ⅲ期には岡山、阿部七五三吉、板倉を中心とした11ないし18名で構成されていたという点である。

　前述したように、東京高等師範学校図画手工専修科は20名前後の生徒を卒業させた後に、必要に応じて新たに20名前後の生徒を入学させていた。このことから、全部で20名前後にすぎない生徒を対象にして7ないし18名の教員スタッフで養成教育が行われていたことになる。しかも、手工科教育の中心的役割を担っていた上原六四郎、岡山秀吉、阿部七五三吉、および図画科教育の中心的役割を担っていた白浜徴、小山正太郎、板倉賛治は、いずれも手工科教育界および図画科教育界では著名な人物である。

　すなわち、これらのことから、東京高等師範学校図画手工専修科における教員養成のための教員スタッフは相当程度充実していたものと考えられる。特に第Ⅱ期の1919（大正8）年以降は、継続して10名以上の教員スタッフがいたことは注目に値する。

　第2に、第Ⅰ期から第Ⅲ期の1934（昭和9）年まで、一貫して手工科担当教授が存在していた点である。上原六四郎が1899（明治32）年から1902（明治35）年まで、岡山秀吉が1906（明治39）年から1927（昭和2）年まで、阿部七五三吉が1928（昭和3）年から1934（昭和9）年まで、伊藤信一郎が1929（昭和4）年から1934（昭和9）年まで手工科担当教授として在職していた。これに対して図画科は、第Ⅲ期の1929（昭和4）年に板倉賛治が教授になるまで、教授は不在であった。

　また、第3に、手工科を担当する教員の数が、第Ⅰ期においては2ないし4名、第Ⅱ期においては3ないし5名、第Ⅲ期では5ないし7名と、年々増加していた点である。なお、図画科も数的には少なくはなかったけれども、その内訳は助手、講師、嘱託、副手などが多かった。

　すなわち、これら第2および第3の点から、東京高等師範学校図画手工専修科における手工科教育のための教員スタッフは、図画科に比して、早い段階

から人的要件が整えられ、かつ、第Ⅰ期から第Ⅲ期へと時期をおうごとにさらに整備され、充実していったものと考えられる。

　第 4 に、第Ⅰ期から第Ⅲ期の 1934（昭和 9）年まで、図画手工専修科の「学級主任」の役職に手工科担当教授である上原六四郎、岡山秀吉、阿部七五三吉が就いていたという点である。「学級主任」とは、図画手工専修科という教育組織の責任者であり、事実上、同専修科の代表者の役割を果たしていた。このことから、東京高等師範学校図画手工専修科における教員養成は、手工科担当教授が中心となって行われていたとみることができる。特に、岡山が「学級主任」の役職に就いていたのは 20 年間と、上原の 4 年間、阿部の 7 年間に比べて相当程度長く、岡山が同専修科における教員養成に果たした役割は相当程度大きかったとみることができる。

　第 5 に、手工科担当教授は、附属学校での教育実践を経験していた点である。図画手工専修科では、上原六四郎、岡山秀吉、阿部七五三吉、伊藤信一郎の 4 名が手工科担当教授として在職したけれども、これらのうち上原をのぞく、岡山、阿部、伊藤は、いずれも東京高等師範学校の教員に着任した当初、同校附属中学校の教諭または附属小学校の訓導の職を兼ね、附属学校での手工科の教育実践にも携わっていた。こうしたことから、彼らは附属学校での実践を通して、教員養成担当者としての力量や手工科教育論の形成を図っていたと考えられる。

　他方、東京高等師範学校図画手工専修科で実施されていた学科課程について、第Ⅰ期（1886 年〜 1906 年）においては、倫理、教育学、国語、物理、数学、手工、図画、体操などの 7 ないし 8 学科で学科課程が編成され、手工科および図画科には、それぞれ全学科の週あたりの合計教授時間の 40 %〜 50 %程度の教授時間が配当されていた。

　また、第Ⅱ期（1907 年〜 1925 年）以降、美学や化学などの学科が年々加えられ、1922（大正 11）年には、倫理、教育、心理、手工、図画、解剖及色彩学、美学及美術史、英語、数学、物理、化学、体操の 12 学科で学科課程が編成された。そして、手工科には全学科の週あたりの合計教授時間の 30 %〜 50 %程度、図画科には全学科の週あたりの合計教授時間の 30 %〜 40 %程度の

教授時間が配当されていた。

　さらに、第Ⅲ期（1926年〜1942年）においても学科は増加し、1937（昭和12）年には、倫理、教育学、心理学、公民科、手工、図画、園芸、工業大意、幾何画及製図、美術史、色彩学及美学、英語、数学、物理、化学、体操の16学科で学科課程が編成され、手工科には全学科の週あたりの合計教授時間30％程度、図画科には全学科の週あたりの合計教授時間20％〜40％程度の教授時間が配当されていた。

　こうした東京高等師範学校図画手工専修科における学科課程については、その特徴として、少なくとも次の4つの特徴が指摘できる。

　第1に、各学年の手工科および図画科に配当される教授時間の合計が、第Ⅰ期から第Ⅲ期までを通して共通に、全学科の週あたりの合計教授時間の50％以上にあたる20時間以上にのぼっていたという点である。第1期手工専修科（1899年設置）の学科課程（修業年限2年）では、第1学年で全学科の週あたりの教授時間の合計が35時間で、このうち手工科には14時間（全体の40％）、図画科には10時間（全体の29％）が配当されていた。また、第2学年においても、全学科の週あたりの教授時間の合計が36時間で、このうち手工科には15時間（42％）、図画科には10時間（28％）が配当されていた。そして、この傾向は、第Ⅱ期および第Ⅲ期にあっても変わっていなかった。このことから、東京高等師範学校図画手工専修科の学科課程においては、手工科および図画科の比重が相当程度高かったとみることができる。

　第2に、手工科は、講義と実習の時間が明確に区別され、実習にかなり多くの時間が配当されていたという点である。第Ⅰ期から第Ⅲ期にかけての学科課程において、講義と実習を一貫して区別して教授時間を配当していたのは手工科のみであった。そして、この手工科の実習には、講義の教授時間2時間に対して、10から12時間の教授時間が充てられていた。このことから、東京高等師範学校図画手工専修科における手工科教育は、実習を中心に行われていたとみることができる。

　第3に、最終学年において、長期間にわたる教育実習が課されていた点である。第Ⅰ期から第Ⅲ期まで共通して、最終学年の3学期には「授業練習」と

称する教育実習が組み込まれ、１月初旬から３月末の約３か月にわたって附属
学校で教育実習を行うことが義務づけられていた。このことから、東京高等師
範学校図画手工専修科では、平素の授業で身につけた手工科教育の理論や技能
などを教育実践で試みることで、手工科担当師範学校教員としての高度な実践
力を培うことを目指していたものと考えられる。

　第４に、第Ⅰ期から第Ⅲ期まで、一貫して数学および物理が生徒に課され
ていたという点である。図画手工専修科の学科課程は、大別すると①手工科お
よび図画科に関する学科、②倫理および教育学など教職教育に関する学科、③
体操、④その他、によって編成されていたとみることができる。このうちの④
のなかで、数学と物理だけは、他の３種の学科とともに、第１期手工専修科
から第11期図画手工専修科まで全期間を通して、すべての生徒が学ばなけれ
ばならない必須の学科として学科課程に位置づけられていた。

　そして、こうした数学や物理は、手工科と無関係であったとは考えにくい。
例えば、手工専修科が設置される以前に、高等師範学校で手工科担当師範学校
教員の養成を行っていた理化学科では、「物理・化学の補助学科として、又手
工科教員養成のため、手工科を設置するの必要を認め」[4]ていたとされ、手工
科を理化学科の学科課程の中に加えたのは、１つは教員養成のため、いま１つ
は物理や化学の補助学科のためであるとしている。また、1894（明治27）年
には、高等師範学校の学科が文科および理科の２学科制になり、理科のうち、
数学、物理、化学を履修している者に対して手工科が課されることになった。
さらに、1898（明治31）年にできた理化数学部の学科課程にも手工科が加え
られていた。同様に、1900（明治36）年にできた数物化学部、1915（大正４）
年にできた理科第二部、また、同じ専修科の１つである物理化学専修科の学
科課程にも手工科が加えられていた。

　すなわち、これらのことから、東京高等師範学校における教員養成にとっ
て、数学および物理の教育が、手工科教育にとって欠かすことのできない必須
の学科目とみなされていたと考えられる。

　以上の点から、東京高等師範学校図画手工専修科における手工科担当師範学
校教員の養成は、同専修科の手工科教育の中心的な役割を担っていた上原六四

郎、岡山秀吉、阿部七五三吉を中心とし、手工科と図画科の担当を合わせると10名以上（うち、約半数は手工科担当）の教員スタッフによって、20名程度にすぎない生徒を対象にして養成教育が行われており、教員養成の人的条件という点で、充実した教育環境のもとで営まれていたとみることができる。

　他方、学科課程においては、全学科のなかでも手工科と図画科、とりわけ手工科に多くの教授時間数が配当され、手工科教育に比重がおかれていたとみることができる。

　また、手工科は、教授時間数の大半を実習に充てられ、実習を中心に行われていたとみられる。さらに、手工科の実施にあたっては、その中心となった手工科担当教授のほとんどが附属学校での手工科教授にあたり、そうした実践経験を手工科の指導に活かしていったと考えられる。

　加えて、数学および物理の教育を一貫して必須の内容として位置づけ、手工科担当師範学校教員になるために欠かせない必須のものとして重視するとともに、3か月にわたる教育実習を通して、手工科担当師範学校教員としての高度な実践力を培うことが目指されていたといえる。

注
1)　唐澤富太郎編著『図説　教育人物事典 ― 日本教育史のなかの教育者群像 ―』中巻、ぎょうせい、1984 年、p.861。
2)　同上書、p.868。
3)　同上書、p.869。
4)　佐々木亨「手工教育の確立者・岡山秀吉の前半生」『専修自然科学研究会会報』No.20、1976 年、p.15。
5)　阿部七五三吉「故岡山秀吉先生の業績」『手工研究　岡山先生追悼号』日本手工研究会、1933 年、p.34。
6)　唐澤富太郎編著、前掲 1)、p.870。
7)　同上。
8)　同上書、p.866。
9)　同上書、p.867。
10)　山形寛著『日本美術教育史』黎明書房、1967 年、p.359。
11)　同上書、p.131。

12) 同上書、p.133。

13) 唐澤富太郎編著、前掲 1)、p.872。

14) 同上。

第5章

東京高等師範学校図画手工専修科における
手工科担当師範学校教員の養成の営み

はじめに

　前章までにみてきたように、戦前日本の小学校教員養成を担っていた師範学校の手工科教員の養成は、東京高等師範学校図画手工専修科、東京美術学校図画師範科、第二臨時教員養成所図画手工科等の直接養成、試験検定、無試験検定の3方式によって行われていた。そして、こうした3方式によって手工科の教員免許状を取得した者は1,512名で、そのうちの6割以上にあたる916名が直接養成による者であった。また、直接養成による手工科教員免許状取得者916名のうち、東京美術学校図画師範科卒業生が605名、東京高等師範学校図画手工専修科卒業生が245名であり、これらの果たした量的役割は特段に高かったとみられた。なかでも、東京美術学校図画師範科においては、東京高等師範学校図画手工専修科の2倍以上の卒業生が手工科の教員免許状を取得していた（第1章）。

　しかし、東京美術学校図画師範科は、教員免許状取得という量的な面では、相当程度大きな役割を果たしていたけれども、その卒業生の多くは、師範学校、中学校、高等女学校の図画科教員として勤務し、第1期卒業生（1910年卒業）から第13期卒業生（1922年卒業）234名のうち、師範学校で手工科を担当した者は17名と1割に満たなかった（第2章）。

　これに対して、東京高等師範学校図画手工専修科は、教員免許状取得だけでなく、実際に手工科担当師範学校教員を供給するという量的な面においても相当程度大きな役割を果たしていた。1912(大正2)年から1937(昭和12)年まで、

毎年40名から50名の同専修科卒業生が師範学校に勤務し、そのほとんどの者が手工科を担当していた。(第3章)。

　そして、こうした東京高等師範学校図画手工専修科における手工科教育は、上原六四郎、岡山秀吉、阿部七五三吉が中心となって行っていた。なかでも、岡山の教授としての在職年数は22年と最も長く、岡山の図画手工専修科に果たした役割は特段に高かった。また、東京高等師範学校図画手工専修科の学科課程は、手工科や図画科を相当程度重視して編成され、かつ、そこでの手工科教育は、実習に多くの時間が充てられていた(第4章)。

　ところで、学校における教員養成の営みの特質は、そこでの学科課程に表現されていると考えられる。そのため、実習に最も多くの教授時間数が充てられている東京高等師範学校図画手工専修科の学科課程においては、実習がこの学科課程の特徴になっており、実習にこの教員養成の営みの特徴が最も直接的に反映されていると考えることには根拠がある。

　したがって、本章では、東京高等師範学校図画手工専修科における手工科教育の実習に焦点をあてて、その内容的な特徴の諸側面を明らかにすることによって、東京高等師範学校図画手工専修科における手工科担当師範学校教員の養成の営みの特質にせまりたいと考える。

　しかしながら、東京高等師範学校図画手工専修科で営まれていた手工科の実習に関する資料は管見のかぎり見あたらない。

　そこで、ここでは、東京高等師範学校図画手工専修科で手工科の教授として在職し、東京高等師範学校図画手工専修科での手工科教育の指導的役割を果たしていたとみられる上原六四郎、岡山秀吉、阿部七五三吉が執筆担当した師範学校手工科用の検定教科書に注目したい。

　なぜなら、これらの教科書は、文部大臣による検定で認可された師範学校用の検定済教科用図書、いわゆる検定合格本であり、戦前日本の師範学校における教科書は、「実質的には、検定教科書のなかから使用する教科書を選定すること」[1]と定められていたため、多くの師範学校で使用されていたと考えられる。そして、東京高等師範学校は、師範学校で手工科を担当する教員を養成するところであるため、師範学校で使用されていたこれらの教科書の内容を教え

得る教員を養成しようとしていたと考えることには根拠がある。いいかえれ
ば、これらの教科書には、東京高等師範学校図画手工専修科において、上原、
岡山、阿部が師範学校の教員に身につけさせたかった技能教授の内容や手工科
教育理論が結晶されていたと考えられる。

表 5-1　上原六四郎・岡山秀吉・阿部七五三吉が執筆担当した師範学校手工科用
　検定教科書

	著者	書名・巻冊	発行年月 検定年月	出版社	構成
①	岡山秀吉	『師範教育手工教科書』全1冊	1907年10月 / 1908年4月	金港堂	第一篇　木工具使用法 第二篇　木工材料 第三篇　木工製作法 第四篇　假漆及塗抹法
②	上原六四郎 岡山秀吉 阿部七五三吉	『師範学校手工教科書』前・後篇（全2冊）	1908年12月 / 1909年2月	実業教科研究組合	前篇　第一章　竹細工 / 第二章　木工 / 附録 後篇　第三章　小学校に於て授くる各種の細工 / 第四章　手工教授法 / 第五章　粘土細工附石膏細工 / 第六章　金工
③	岡山秀吉	『改訂増補　手工科教材及教授法』全1冊	1927年3月（訂正再版） / 1927年3月	宝文館	第一篇　手工科教材 第一章　棒排べ 第二章　豆細工 第三章　粘土細工 第四章　紙細工 第五章　竹細工 第六章　糸細工 第七章　木工 第八章　金工 第九章　石膏細工 第十章　造花 第二篇　手工科教授法
④	岡山秀吉 阿部七五三吉 伊藤信一郎	『新手工教科書』上・下巻（全2冊）	1928年2月（訂正再版） / 1928年2月	培風館	上巻　第一篇　竹細工 / 第二篇　粘土細工 / 第三篇　石膏細工 / 第四篇　木工 下巻　第一篇　小学校に於ける各種の細工 / 第二篇　手工科教授法 / 第三篇　金工 / 第四篇　機械の使用法
⑤	岡山秀吉 阿部七五三吉 伊藤信一郎	『改訂　新手工教科書』上・下巻（全2冊）	1933年1月（改訂四版） / 1933年2月	培風館	上巻　第一篇　竹細工 / 第二篇　粘土細工 / 第三篇　石膏細工 / 第四篇　コンクリート工 / 第五篇　木工 下巻　第一篇　小学校に於ける各種の細工 / 第二篇　手工科教授法 / 第三篇　金工 / 第四篇　機械の使用法

⑥	岡山秀吉 阿部七五三吉 伊藤信一郎	『女子師範学校手工教科書』 上・下巻（全2冊）	1934年2月 （訂正再版）	培風館	上巻	第一篇　竹細工 第二篇　粘土細工 第三篇　石膏細工 第四篇　コンクリート工 第五篇　木工 第六篇　手芸
			1934年2月		下巻	第一篇　木工 第二篇　手芸 第三篇　小学校に於ける手工教材 第四篇　手工科教授法 第五篇　金工 第六篇　機械の使用法
⑦	阿部七五三吉 山形寛 松原郁二	『師範学校二部用新手工教科書』 全1冊	1938年2月 （訂正再版） 1938年3月	培風館		第一篇　竹細工 第二篇　粘土・石膏細工 第三篇　セメント工 第四篇　木工 第五篇　金工 第六篇　機械の使用法 第七篇　小学校に於ける手工教材 第八篇　手工科教授法 第九篇　手芸
⑧	阿部七五三吉 山形寛 松原郁二	『師範学校二部用新手工教科書』 全1冊	1942年2月 （訂正三版） 1942年3月	培風館		第一篇　竹細工 第二篇　粘土・石膏細工 第三篇　セメント工 第四篇　木工 第五篇　金工 第六篇　機械の使用法 第七篇　小学校に於ける手工教材 第八篇　芸能科工作教授法 第九篇　手芸
⑨	岡山秀吉 阿部七五三吉 伊藤信一郎	『女子師範学校手工教科書』 上・下巻（全2冊）	1942年4月 （訂正三版）	培風館	上巻	第一篇　竹細工 第二篇　粘土細工 第三篇　石膏細工 第四篇　コンクリート工 第五篇　木工 第六篇　手芸
			1942年5月		下巻	第一篇　木工 第二篇　手芸 第三篇　小学校に於ける手工教材 第四篇　芸能科工作教授法 第五篇　金工 第六篇　機械の使用法
⑩	岡山秀吉 阿部七五三吉 伊藤信一郎	『改訂　新手工教科書』 上・下巻（全2冊）	1942年4月 （訂正五版）	培風館	上巻	第一篇　竹細工 第二篇　粘土細工 第三篇　石膏細工 第四篇　コンクリート工 第五篇　木工
			1942年5月		下巻	第一篇　小学校に於ける各種の細工 第二篇　芸能科工作教授法 第三篇　金工 第四篇　機械の使用法

注：坂口謙一「戦前わが国諸学校における『実業教科』の検定教科書一覧—1940年代初頭までの手工科、工業科、商業科系、実業科（商業）教科書—」（『技術教育学研究』第8号、1993年3月、pp.149-181）より作成。

　具体的には、上原、岡山、阿部が執筆担当した師範学校用手工科の検定教科書は、表5-1に示された合計10種の教科書が存在した。

　師範学校手工科用の検定教科書が執筆・出版されるようになったのは、第Ⅱ期（1907年〜1925年）のことである。

　1907（明治40）年の「師範学校規程」（文部省令第12号）によって、師範学校の手工科が必修化されたことにともない、同年10月に①**『師範教育手工教科書』**[2]また、1908（明治41）年12月に②**『師範学校手工教科書』**[3]が執筆された。

　①**『師範教育手工教科書』**は、「師範学校規程は発布せられ、手工科は必須の科目となりたるに係らず、これに充つべき教科書の一もこれなき」[4]ことから、岡山が、1897（明治30）年に執筆した『普通木工教科書』[5]に改訂増補を加え、かつ「師範学校手工科ノ教科用ニ充テ」[6]という用途が明瞭になるように書名を改めた教科書である。そのため、同書では、一部「竹細工」分野の内容が含まれていたけれども、ほとんどが「木工」分野の内容であった（表5-1参照）。

　また、②**『師範学校手工教科書』**は、上原、岡山、阿部によって執筆された教科書で、師範学校において手工科が必修化されたことについて、「この機に際し、よくこの大勢に応じて本科の普及上進を計らんには、須らく小学教育の源泉たる、師範学校に於ける、手工科の改善を促ざるべからず。而して目下師範学校に於ける手工科改善の策種々あるべきも、適当なる教科書を得ること、これその最たるものならずんばあらず」[7]と述べられている。すなわち、師範学校の手工科が必修化されたことを機に、上原、岡山、阿部が、手工科の普及をはかり、そのためには、小学校教育の源泉である師範学校の手工科教育の改善が必要であり、その最良な方法が教科書を得ることであったため、同書を執筆したと考えられる。同書は、前・後篇と附録からなり、前篇では、「竹細工」と「木工」、後篇では、「小学校に於て授くる各種の細工」、「手工教授法」、「粘土細工附石膏細工」、「金工」について述べられていた（表5-1参照）。

　第Ⅲ期（1926年〜1942年）になると、まず1926（大正15）年の「小学校令中改正」（勅令第73号）で、高等小学校において手工科が原則として必設

すべき科目となったことで、同年に③『改訂増補　手工科教材及教授法』⁸⁾、1927（昭和 2）年に④『新手工教科書』⁹⁾が執筆された。

③『改訂増補　手工科教材及教授法』は、岡山が「高小手工科の必修科となりたるの際、聊か軌道に裨益する所あらば、幸甚の至りである」¹⁰⁾と考え、1908（明治 41）年に執筆した『手工科教材及教授法』¹¹⁾の「教授法編に大改修を施し、教材編に多量の新資料を加へた」¹²⁾教科書である。同書は、全 2 篇からなり、第一篇では、「棒排べ」、「豆細工」、「粘土細工」、「紙細工」、「竹細工」、「糸細工」、「木工」、「金工」、「石膏細工」、「造花」の「手工科教材」、第二篇では、「手工科教授の目的」、「手工科教材の選択」、「手工科教材の排列」、「手工科教授の方法」などの「手工科教授法」について述べられていた（表 5-1 参照）。

④『新手工教科書』は、岡山、阿部、伊藤信一郎によって執筆された教科書で、高等小学校の教科課程において手工科が必設すべき教科目になったことに対して、「この種の教育の発展を図るの途は種々あれども、就中徹底的の方法は、師範学校の手工科を改善し、この教育に対して識見と技術と趣味とを併有する、多数の良教員を養成するに在る。而して師範教育に用ふべき適当なる手工教科書の発刊は、この目的を達成するに於て、頗る有意義のことたる」¹³⁾と述べられている。すなわち、高等小学校の手工科が必設すべき教科目になった時期に、徹底的に手工科教育を発展させる方法は師範学校の手工科を改善し、良い教員を養成することであり、そのために最も有意義な方法が、師範学校の教科書を出版することであったとされている。同書は、上下 2 巻本で、上巻では、「竹細工」、「粘土細工」、「石膏細工」、「木工」、下巻では、「小学校に於ける各種の細工」、「手工科教授法」、「金工」、「機械の使用法」について述べられていた（表 5-1 参照）。

そして、1931（昭和 6）年の「師範学校教授要目」（文部省訓令第 7 号）の改正によって、師範学校の女生徒の手工科教授要目に手芸が加えられるなど、手工科教育の内容が多少変わったことから、1932（昭和 7）年に⑤『改訂　新手工教科書』¹⁴⁾、1933（昭和 8）年に⑥『女子師範学校手工教科書』¹⁵⁾が執筆された。

　⑤『**改訂　新手工教科書**』は、岡山、阿部、伊藤が、1927（昭和2）年の④
『新手工教科書』に、さらに改訂を加えた教科書である。同書では、『新手工教
科書』の内容に新たに「コンクリート工」が加えられ、「竹細工」、「粘土細工」、
「石膏細工」、「コンクリート工」、「木工」、「小学校に於ける手工教材」、「手工
科教授法」、「金工」、「機械の使用法」について述べられていた（表5-1参照）。

　また、⑥『**女子師範学校手工教科書**』は、岡山、阿部、伊藤によって、師範
学校の本科第一部の女生徒用として執筆された教科書である。同書は、1931
（昭和6）年の「師範学校教授要目」の改正により、師範学校の女生徒の手工
科教授要目に手芸が加えられたことについて、「男生徒の部とその内容を異に
することを明にした。著者等はこの改正教授要目に適切なる教科書とするには
到底男女共通の手工教科書に頼る能はざることを痛感した」[16]と述べられてい
る。すなわち、岡山、阿部、伊藤は、師範学校の女生徒の手工科教授要目に手
芸が加えられたことにより、男女共通の手工教科書では、適切でないと判断し
たことから、師範学校の女生徒を対象とした教科書を編纂したものと考えられ
る。同書では、⑤『改訂　新手工教科書』（1931年）の内容に新たに「手芸」
の内容が加えられ、「竹細工」、「粘土細工」、「石膏細工」、「コンクリート工」、
「木工」、「手芸」、「小学校に於ける手工教材」、「手工科教授法」、「金工」、「機
械の使用法」について述べられていた（表5-1参照）。

　その後、1938（昭和13）年には、阿部、山形寛、松原郁二によって、⑦『**師
範学校二部用　新手工教科書**』[17]が執筆された。

　同書は、本科第二部の生徒用として編纂された教科書である。同書では、⑥
『女子師範学校手工教科書』と同様に、「竹細工」、「粘土細工」、「石膏細工」、「セ
メント工」、「木工」、「金工」、「機械の使用法」、「小学校に於ける手工教材」、「手
工科教授法」、「手芸」について述べられていた（表5-1参照）。

　そして、1942（昭和17）年には、⑧『**師範学校二部用　新手工教科書**』[18]、
⑨『**女子師範学校手工教科書**』[19]、および⑩『**改訂　新手工教科書**』[20]が執筆
された。

　これらの教科書は、1941（昭和16）年の「国民学校令」（勅令第48号）で、
それまでの尋常、高等小学校の手工科が、芸能科の1科目である工作になっ

たことから、それまでの「手工科教授法」が、「芸能科工作教授法」として述べられた以外は、内容的に大きな変更はなかった（表 5-1 参照）。

このように、師範学校手工科用検定教科書は、第Ⅱ期（1907 年〜 1925 年）から執筆されるようになり、第Ⅱ期においては 2 種、第Ⅲ期（1926 年〜 1942 年）においては 8 種の教科書が執筆された。そして、これらの教科書においては、①「竹細工」、「木工」、「金工」、「粘土細工」、「石膏細工」、「コンクリート工」、「手芸」の、「細工」と称する各分野の学習内容、②「手工科教授の目的」や「手工科教材の選択」、「手工科教材の排列」、「手工科教授の方法」などの「手工（科）教授法」、さらに、③前記①でとりあげられた「細工」とは別個に、「糸細工」、「豆細工」、「紙細工」などの主として尋常小学校の低学年段階で行う分野について述べられた「小学校に於ける手工教材」、について述べられていた[21]。

本章では、こうした師範学校手工科用の検定教科書を次の 3 つの視点から分析を行う。

第 1 に、師範学校手工科用検定教科書における実習の内容について、「竹細工」、「木工」、「金工」など、「細工」と称する各分野の内容の分析から、その特徴を明らかにする。

第 2 に、師範学校手工科用検定教科書における実習の内容を教授する方法について、「竹細工」、「木工」、「金工」など、「細工」と称する各分野、それぞれにおける教授法の分析から、その特徴を明らかにする。

第 3 に、こうした実習の内容や教授法は、その目的的価値課題との関係でみる必要があるため、師範学校手工科用検定教科書において、「手工教授法」や「手工科教授法」として展開されていた手工科教育理論、とりわけ手工科教育の目的論を中心に分析することで、師範学校手工科用検定教科書における目的的価値課題の特質を明らかにする。

これらの分析を通して、本章では、東京高等師範学校図画手工専修科における手工科教育の実習の内容的と特徴を明らかにし、同専修科における手工科担当師範学校教員の養成の営みの特質についての検討を行うことを目的とする。

なお、「手芸」分野については、女子用手工の問題など、別個に検討すべき

重要な論点が含まれていると考えられるので取り扱わないこととする。

第1節　師範学校手工科用検定教科書における実習の内容

　師範学校手工科用検定教科書における「竹細工」、「木工」、「金工」などの「細工」と称する各分野の構成をみると、それらの内容が次の3つに大別できる。

　第1に、「竹細工用材料」、「木工用材料」、「金工用材料」などの各分野の材料に関する学習である。

　第2に、「竹細工用具」、「木工用具」、「金工用具」、「機械の使用法」などの各分野の道具や機械についての学習である。

　第3に、「竹細工法」、「木工法」、「金工法」、「機械の使用法」などの各分野の基本的な工作法についての学習である。

　本節では、こうした3つの側面から、師範学校手工科用検定教科書における「竹細工」、「木工」、「金工」など、「細工」と称する各分野の内容の分析を行うこととする。

1.「木工」の内容

(1) 木材に関する学習

　「木工」の材料、すなわち木材について、『師範教育手工教科書』（1907年）においては、①年輪、心材、辺材などの木材の組織、②乾燥によって変形する木材の性質、③柾目板と板目板の性質、④木表と木裏の違い、⑤物品を製作するときに使用する木材を乾燥させておく必要性とそのときの注意点、⑥杉、松、檜などに、竹を加えた37種類の木材の性質や用法、の6つの学習項目が設定されていた。

　また、『師範学校手工教科書』（1908年）においては、①年輪、心材、辺材などの木材の組織、②乾燥によって変形する木材の性質、の学習項目が設定され、『改訂増補　手工科教材及教授法』（1927年）においては、材料に関する学習はとりあげられなかった。

　そして、『新手工教科書』（1928年）以降の検定教科書においては、①髄や年輪などの木材の組織、②乾燥すると変形する木材の性質、③板目板や柾目板および柱のとり方、④木材の乾燥法、⑤木材の防腐法、⑥各種の木材の産地、特徴、用途、⑦「杉長丸太」、「杉押角」などの木材の出来合物の名称や寸法、についての7つの学習項目が設定されていた。

　このようにみると、木材に関する学習内容は、次の2つに分類することができる。

　第1に、木材の組織や木材の性質についての内容である。検定教科書においては、木材の組織について、髄、年輪、辺材、心材などの各部の名称とそれらの特徴がとりあげられていた。

　また、木材の性質については、乾燥によって変形するという木材の生物学的性質がとりあげられていた。

　第2に、木材の取り扱いについての内容である。前記1の内容でとりあげられたように、木材は乾燥する性質をもっていることから、製作前にあらかじめ木材を乾燥させる木材の乾燥法についての学習がとりあげられていた。ここでは、①樹木の皮を剥ぎ取り、納屋または日陰に積み重ねて、上部に屋根をつくり、日光と雨を防いで乾燥させるという「天然乾燥法」と、②樹皮を剥いだ木材を、数ヶ月間水に浸し、水からあげて水分を蒸発させるという「水乾法」などの「人口乾燥法」がとりあげられていた。

　また、木材は変形すると同時に、防腐するという性質ももっていることから、木材を防腐するための方法についてもあげられていた。

　さらに、「木材は、板に木取と柱に木取とによりて注意を異にす」[22]ことから、柾目板、板目板、角柱の木取りの方法についてもとりあげられていた。

　こうした点から、「木工」においては、木材の生物学的性質と木材の性質を考慮した木材の取り扱い方についての学習が行われていたと考えられる。

（2）道具や機械についての学習

　師範学校手工科用検定教科書でとりあげられた「木工」の道具と機械の種類は、表5-2にようにまとめられる。

表 5-2　師範学校手工科用検定教科書でとりあげられた「木工」の道具と機械

道具・機械		①『師範教育手工教科書』(1907年)	②『師範学校手工教科書』(1908年)	③『改訂増補 手工科教材及教授法』(1927年)	④『新手工教科書』(1928年)	⑤『改訂 新手工教科書』(1933年) ⑩『改訂 新手工教科書』(1942年)	⑥『女子師範学校手工教科書』(1934年) ⑨『女子師範学校手工教科書』(1942年)	⑦『師範学校二部用 新手工教科書』(1938年) ⑧『師範学校二部用 新手工教科書』(1942年)
規矩類	墨壺	○			○	○		
	墨さし	○			○	○		
	曲尺	○	○	○	○	○	○	○
	竹尺	○		○				
	下場(下端)定規(割定規)	○	○	○	○	○	○	○
	直角定規(木矩)	○	○	○	○	○	○	○
	斜定規(自由矩)	○	○		○	○		○
	留(止)定規	○	○		○	○	○	○
	筋罫引	○	○	○	○	○	○	○
	円規	○						
	メートル尺				○	○	○	
細工台類	削り台	○		○				
	直角木口台	○	○	○	○	○	○	○
	留(止)木口台	○	○		○	○	○	○
	留枠	○	○		○	○	○	○
	木挽台	○	○		○	○		
	止切枠				○	○		
鋸類	縦挽台	○	○	○	○	○	○	○
	横挽台	○	○	○	○	○	○	○
	廻挽台	○	○	○	○	○	○	○
	胴附(胴着)鋸	○		○				○
	柄挽鋸	○						
	畔挽鋸	○	○		○	○		
	竹挽鋸(弦鋸)	○						
	両頭(両刃)鋸		○		○	○	○	○
	鋸加利				○	○		
	船大工鋸				○	○		
	西洋の鋸					○		
鉋類	平鉋	○	○	○	○	○	○	○
	小鉋	○	○					
	長台鉋	○	○		○	○	○	○
	台直鉋	○	○	○	○	○	○	○
	円鉋	○	○		○	○	○	○
	溝鉋	○	○	○	○	○	○	○
	脇鉋	○	○		○	○	○	○
	隅鉋	○	○	○	○	○	○	○
	際鉋	○	○		○	○	○	○
	反台鉋	○	○		○	○		○
	羽虫鉋				○	○		○
	二枚刃鉋		○		○	○	○	○
	面取鉋				○	○		○
	機械鉋				○	○		
	米国製木工用鉋				○	○		
	南京鉋							○

類	品名							
鑿類	向待鑿	○	○	○	○	○	○	○
	尾入鑿	○	○	○	○	○	○	○
	厚鑿			○				
	鎬鑿	○	○	○	○	○	○	○
	薄鑿		○	○	○	○	○	○
	格子工鑿	○			○	○		
	押突鑿	○	○	○	○	○	○	○
	円鑿(外円鑿・内円鑿)	○	○		○	○		○
	鏝鑿	○	○		○			
	蓮華鑿	○	○		○			
	掻出鑿			○	○			
	鐔鑿			○	○			
	打貫				○			
小刀類	小刀	○						
	剞小刀(抉小刀)	○	○	○	○	○	○	○
	切出小刀	○	○	○	○	○	○	○
	仏師小刀	○	○					
	生反小刀	○	○		○	○		
	円鋤		○		○	○	○	○
	間鋤刀				○			○
錐類	三ツ目錐	○	○		○		○	○
	四ツ目錐	○	○		○		○	○
	坪錐	○	○	○	○		○	○
	鼠歯錐	○	○	○				
	三叉錐	○			○	○		
	舞錐(手轆轤)	○						
	回錐及附属錐(螺旋錐)	○	○		○		○	○
	剣錐		○		○	○	○	○
	菊座錐		○		○	○	○	
	掻出錐		○		○	○	○	○
	繰子		○		○	○	○	○
	打錐				○			
	剣先錐				○			
	手錐				○	○		
斧類	鉈	○	○		○	○	○	○
	手斧	○	○		○	○	○	
	斧	○						
	釿	○						
槌類	木槌	○	○	○	○	○	○	○
	玄翁	○	○		○	○	○	
	尖鉄槌	○	○	○	○			
	小鉄槌	○	○		○			
	目打鉄槌		○		○	○	○	○
砥石類	荒砥	○	○	○	○	○	○	○
	中砥	○	○		○	○	○	
	仕上砥	○	○	○	○	○	○	○
	円形砥	○						
	裏押	○	○		○	○	○	○
	金剛砂砥				○	○	○	○
	鉄砧	○	○					
	目振	○	○		○	○		
	目立鑢	○	○	○	○	○	○	

表5-2　師範学校手工科用検定教科書でとりあげられた「木工」の道具と機械（つづき）

道具・機械		①『師範教育手工教科書』(1907年)	②『師範学校手工教科書』(1908年)	③『改訂増補 手工科教材及教授法』(1927年)	④『新手工教科書』(1928年)	⑤『改訂 新手工教科書』(1933年) ⑩『改訂 新手工教科書』(1942年)	⑥『女子師範学校手工教科書』(1934年) ⑨『女子師範学校手工教科書』(1942年)	⑦『師範学校二部用 新手工教科書』(1938年) ⑧『師範学校二部用 新手工教科書』(1942年)
雑種工具	釘抜	○	○	○	○	○	○	
	螺旋廻	○	○	○	○	○	○	○
	釘締	○	○	○	○	○	○	○
	羽虫	○						
	錵	○						
	油壺	○				○	○	
	押糊板				○	○	○	
	筐				○	○		
	膠溶鍋				○	○	○	○
	均台				○	○		
	木萬力				○	○		
	木鑢				○	○		
工作機械	円鋸機				○	○		
	帯鋸機				○	○	○	○
	糸鋸機				○	○	○	○
	木工旋盤				○	○	○	○
	手押鉋機				○	○		
	自動送鉋機					○		○
	揉錐機				○	○	○	○
	刃物研磨機				○	○	○	○
合計		76種	70種	34種	95種	92種	63種	67種

『師範教育手工教科書』（1907年）においては、①様々な幾何学形体を書いたり、形体の歪みを検査したり、長さを測定するときに使用される「規矩類」、②工作をする台で、定規の役割もする「細工台類」、③木材を切断するときに用いる「鋸類」、④木材の表面を削るときに用いる「鉋類」、⑤穴をあけたり、溝を彫ったり、狭くて鉋で削ることができない箇所を削るときに用いる「鑿類」、⑥木材を削ったり、彫刻するときに用いる「小刀類」、⑦穴をあけるときに用いる「錐類」、⑧木材を割るのに用いる「斧類」、⑨物体を打撃するのに用いる「槌類」、⑩刃物の刃先を修理するのに用いる「砥石類」、⑪そのほかの道具を手入れや修理するのに用いる「雑種工具」、の中から、合計で76種の「木工」で用いられる道具がとりあげられていた（表5-2参照）。

　また、これと同様に、『師範学校手工教科書』（1908年）においては70種、『改訂　手工科教材及教授法』（1927年）においては34種の道具がとりあげら

れていた（表5-2参照）。

　そして、『新手工教科書』（1928年）以降は、これらの道具に加え、「木工」の工作機械がとりあげられるようになり、同書においては95種、『改訂　新手工教科書』（1933年・1942年）においては92種、『女子師範学校手工教科書』（1934年・1942年）においては63種、『師範学校二部用　新手工教科書』（1938年・1942年）においては67種の道具と機械がとりあげられた（表5-2参照）。

　「規矩類」については、「墨壺」、「墨さし」、「曲尺」、「下端定規」、「直角定規」などがとりあげられ、それらの構造、用途や使用法、修理・修正の方法が述べられていた。

　「細工台類」については、「削り台」、「直角木口台」、「木挽台」などの6種の「細工台」の構造、用途や使用法について述べられていた。

　「鋸類」については、「縦挽鋸」、「横挽鋸」、「廻挽鋸」などの各種の鋸の構造、用途や使用法、「目振」や「目立鑢」を用いての鋸刃の修理・修正の方法について述べられていた。

　「鉋類」については、「平鉋」の構造や使用法、押の修理の方法、木屑返の修正方法、鉋身の研磨法、および「小鉋」、「円鉋」、「溝鉋」などの鉋の種類とそれぞれの用途について述べられていた。

　「鑿類」については、「向待鑿」、「尾入鑿」、「鎬鑿」などの各種の鑿の構造、用途や使用法、鑿の研磨法について述べられていた。

　「小刀類」については、「小刀」、「切出小刀」、「生反小刀」などの各種小刀の構造や用途について述べられていた。

　「錐類」については、「三ツ目錐」、「四ツ目錐」、「坪錐」、「螺旋錐」などの錐の種類および「繰子」の使用法が述べられていた。

　「斧類」については、斧の構造、「鉈」、「手斧」、「斧」などの各種の斧の用法について述べられていた。

　「槌類」については、「木槌」や「鉄槌」の構造および「尖鉄槌」、「小鉄槌」、「目打鉄槌」などの各種の槌の用法について述べられていた。

　「砥石類」については、「荒砥」、「中砥」、「仕上砥」などの砥石の種類と用途、

砥石の修理方法、砥石の選択方法について述べられていた。

「雑種工具」については、「鉄砧」、「目振」、「目立鑢」などの各種の工具の用途について述べられていた。

「工作機械」については、「円鋸機」、「帯鋸機」、「糸鋸機」、「木工旋盤」、「手押鉋機」、「揉錐機」、「刃物研磨機」のしくみやはたらきの原理について述べられていた。

このような点から、「木工」においては、「規矩類」、「細工台類」、「鋸類」、「鉋類」、「鑿類」、「小刀類」、「錐類」、「斧類」、「槌類」、「砥石類」、「雑種工具」、「工作機械」という広範囲な道具や機械の中から、119種の多種多様な道具と機械がとりあげられ、これらの道具や機械についての構造や使用法、用途、はたらきの原理、手入れや修理の方法、などを理解させようとする道具や機械の学習が行われていたと考えられる。

(3) 基本的な工作法についての学習

検定教科書においては、「木工」の基本的な工作法について、12から17の学習項目が設定されている。

例えば、『新手工教科書』（1928年）および『改訂　新手工教科書』（1933年）においては、「木工」の基本的な工作法について、「木取」、「板削」、「角柱削」、「鋸断」、「応用練習」、「木材の接合」、「応用練習」、「板の用法」、「応用練習」、「被蓋の箱」、「応用練習」、「印籠蓋の箱」、「応用練習」、「四方転の箱」、「応用練習」、「棚」、「応用練習」の17の学習項目が設定されていた。

これらのうちの最初の学習項目である「木取」では、「曲尺」（さしがね）、「筋罫引」を使用しての材料取りの方法についての練習、次の「板削」、および「角柱削」では、鉋を使用して板材の表面、木端、木口、角柱の平面および木口を削る練習、さらに、「鋸断」では、鋸を用いての縦挽き、横挽き、斜め挽きの作業の練習が行われていた。

そして、このように、いくつかの作業についての練習が行われた後、「応用練習」として「三角定規」、「直角定規・丁形定規」、「花瓶敷」、「大形色紙掛」、「掛竿」などの製作題材が課されている。

　これらの製作題材については、製作図のみが示され、具体的な手順は述べられていない。しかし、ここで示されていた製作図によると、「三角定規」、「直角定規・丁形定規」、「花瓶敷」は、①材料取りする、②鋸で板を切断する、③鉋を用いて板削りする、という手順で製作するものであると考えらえる。また、「大形色紙掛」や「掛竿」は、①材料取りする、②鋸で板を切断する、③鉋を用いて板削りする、④鉋を用いた角柱削りする、という手順で製作するものであると考えらえる。

　したがって、ここで製作する製品は、「木取」、「板削」、「角柱削」、「鋸断」において学習ないし練習してきた作業のいくつかを組み合わせて製作するものであったとみることができる。また、ここでは、製作手順を説明せず、製作図のみを示すことで、これまでに学習してきた内容をふり返らせ、製作手順を考えながら製作させることを意図していたと考えられる。

　そして、「木工」の基本的な工作法の学習では、このようにある作業について学習ないし練習した後に、それらの作業を用いてつくる製品の製作を行う学習がくり返し行われている。

　例えば、「木材の接合」では、「木材を接合するには釘・木螺旋・押糊・膠等を用ひるものと、木材そのものを種々に組合せるものとがある」[23]と述べられ、釘および木螺旋を用いての木材の接合法、胴附合、組接、板の留め接、曳合、端嵌、ほぞ接合、柱の留め接を用いての木材の接合法についての練習が行われた後、「応用練習」として、「糊箆・押糊板」、「裁板」、「製図板」、「木槌」、「額縁」、「手拭掛」、「茶盆台」、「机」、「傘立」、「置物台」の製作が行われた。

　これらの製作題材についても具体的な手順は説明されていないけれども、製作図によると、これらの製品は、「木材の接合」において学習ないし練習した作業を用いて製作するものであると考えられる。また、ここでは、これらの製品の製作手順が述べられていないことから、ここにおいても、生徒に、製品の製作図を示して、これまでに学習してきた内容をふり返らせ、製作手順を考えさせながら製作を行わせることを意図していたと考えられる。

　同様に、「板の用法」では、板目板の使用にあたって、乾燥の激しいものには、木裏を外側にして組みたてるなど、木材が変形する性質を考慮した製作法

の練習が行われ、「応用練習」では、そうした製作法を用いた「状差」、「角盆」、「桝形煙草盆」、「火鉢」の製作が行われた。

さらに、「被蓋の箱」では、「その実よりも大なる蓋で、実を被ひ包んだ」[24]箱の製作法について、①蓋と実の各部分を別々に１つずつ製作する方法、②実の部分および蓋の部分をそれぞれ２つ合わせた大きさの立方体ないし直方体を最初につくり、それを切り離し、蓋と実の部分を２つずつ製作する方法、の２つの加工法についての練習が行われた後、「応用製作」では、これらの加工法を用いた「文筥」、「短冊筥」の製作が行われた。

そして、こうした学習内容に加えて、『新手工科教科書』（1927 年）以降の検定教科書には、「木工」の基本的な工作法についての学習として、「機械の使用法」がとりあげられていた。

ここでは、「円鋸機」、「帯鋸機」、「糸鋸機」、「木工旋盤」、「手押鉋機」、「揉錐機」、「刃物研磨機」の７種の「木工」に関する工作機械がとりあげられ、使用法が練習されるとともに、それらの機械を使っての「円定規」、「工具の柄」、「脚・手摺の類各種」などの製作が行われていた。

このようにみると、「木工」の基本的な工作法の学習内容には、①鉋、鋸、鑿などの道具や木工旋盤、糸鋸機などの機械の使用法の練習、②具体的な製品の製作を通しての加工法の練習、③製作図を参考にし、これまでの学習内容をふり返って、製作手順を考えながら製作を行う「応用工作」の３つがあったと考えられる。

すなわち、「木工」においては、「木工」の基本的な道具や機械の使用法、木材の性質や道具の加工原理をふまえての加工法、を身につけるとともに、簡単な製作物を見通しをもって仕上げる力をも身につけさせようとしていた基本的な工作法の学習が行われていたとみることができる。

以上のように、「木工」においては、①木材と木材の生物学的性質について理解させるための木材に関する学習、②道具や機械のしくみとそのはたらきについて理解させるための道具と機械の学習、③道具や機械の使用法や木材の性質や道具の加工原理をふまえた加工法を身につけさせるための基本的な工作法

の学習、④簡単な製作物を見通しをもって仕上げる力を身につけさせる木工製品の製作、が行われていたとみることができる。

2.「金工」の内容

(1) 金属材料に関する学習

『師範学校手工教科書』（1908年）においては、「金工」の材料に関して、針金がとりあげられ、針金の製造法と種類についての学習項目が設定されていた。

また、『改訂増補　手工科教材及教授法』（1927年）においては、「金工」の材料に関する学習は、とりあげられなかった。

そして、『新手工教科書』（1928年）以降においては、「金工」の材料として、「鉄」、「亜鉛」、「鉛」、「錫」、「銅」、「銅の合金」、「安質母尼」、がとりあげられていた。

このうち、「鉄」については、①「鋳鉄」、「鋼鉄」、「軟鉄」などの鉄の種類、②錆びる、磁力に引かれる、腐蝕する、酸化する、などの鉄の一般的な性質、③「鋳鉄」、「鋼鉄」、「軟鉄」の特性、の学習項目が設定されていた。

「亜鉛」、「鉛」、「錫」、「銅」については、亜鉛、鉛、錫、銅の特性や用途の学習項目が設定されていた。

「銅の合金」については、①黄銅における銅と亜鉛の割合、黄銅の特性、「黄銅焼鈍法」、②青銅における銅と錫の割合、青銅の特性、青銅の用途、③白銅における銅とニッケルと亜鉛の割合、白銅の用途、④アルミ金における銅とアルミニウムの割合、アルミ金の用途、の学習項目が設定されていた。

「安質母尼」については、「安質母尼」の用途についての学習項目が設定されていた。

このようにみると、「金工」の材料に関する学習内容は、次の3つに分類することができる。

第1に、鉄、亜鉛、鉛、錫、銅などの金属の特性についての内容である。ここでは、錆びる、磁力に引かれる、腐蝕する、酸化する、などの鉄の一般的

な性質や各種の「金工」材料の特質についての学習が行われていた。

　第2に、こうした金属の性質を変える方法についての内容である。ここでは、「黄銅焼鈍法」がとりあげられ、「質堅硬」とされる黄銅の湾曲や折り曲げを自由にするための方法が学習されていた。

　第3に、金属の性質の利用についての内容である。ここでは、各種の「金工」材料の用途についての学習が行われていた。

　こうした点から、「金工」においては、金属の材料の性質、金属材料の性質を変える方法、金属材料の性質の利用について理解させようとした金属材料に関する学習が行われていたと考えられる。

(2) 道具や機械についての学習

　「金工」の道具と機械について、『師範学校手工教科書』においては、①「ペンチ」、「金切鋏」、「金挽鋸」などの「切断器類」、②「火鉗」、「手万力」、「取附万力」などの「握持器類」、③「折台」、「均台」、「いちょう形台」などの「台型類」、④「木槌」、「手槌」、「背切鑿」などの「打撃器類」、⑤「炉」、「鋳鍋」、「半田鏝」などの「火器類」、⑥「目打」、「打抜」、「えぐり」などの「穿孔器」、⑦「円規」、「直角定規」、「罫書針」などの「雑具類」、の中から、59種の道具がとりあげられていた（表5-3参照）。

　また、『新手工教科書』（1928年）からは、これらの道具に加え、「金工」の工作機械がとりあげられるようになり、同書では77種、『改訂　新手工教科書』（1933年・1942年）および『女子師範学校手工教科書』（1934年・1942年）においては75種、『師範学校二部用　新手工教科書』（1938年、1942年）においては57種の「金工」に関する道具と機械がとりあげられた（表5-3参照）。

　これらの道具や機械のうち、「切断器類」、「握持器類」、「台型類」、「打撃器類」、「火器類」、「穿孔器」、「雑具類」の道具については、それらの形状と用途について述べられていた。

　また、「金工」の工作機械については、「金工枠鋸機」、「金工旋盤」、「板金工機械」などの機械の構造や使用法について述べられていた。

　このような点から、「金工」においては、88種の道具や機械がとりあげられ、

道具についての形状と用途、機械についての構造や使用法を理解させようとした道具と機械についての学習が行われていたと考えられえる。

(3) 基本的な工作法についての学習

「金工」の基本的な工作法の学習は、「針金細工」、「ブリキ細工」、「銅・黄銅細工」、「鉄細工」の4つの分野に分けられている。

このうち、「針金細工」には、「亀甲網」と「応用製作」の2つの学習項目が設定されていた。

「亀甲網」では、①針金の伸ばす、②ヤットコを用いて針金の曲げる、③鑢や喰切を用いて針金の切断する、④銅や真鍮の線が硬くて使用困難な場合に、藁火で焼き、そのまま放置するという針金の焼鈍、という4つの針金を加工する作業の練習が行われていた。

そして、その後、「応用工作」として「肴焼」と「鳥籠」の製作が行われていた。これらの製作物は、「鳥籠・窓等に網を作る方法も、略これと同様である」[25]とされている。すなわち、ここでの製作物は、「亀甲網」の製作で練習した作業を用いて製作するものであったといえる。

同様に、「ブリキ細工」では、ブリキ板を折り曲げる、半田鏝でブリキ板を接合する、という2つの作業の練習が行われた後、ブリキ板の側面・背面・地板の縁を折り返し、両側面と背面を折って立て、それらの接合部を半田鏝で接合するという「塵取」の製作が行われていた。

「銅工」では、2片の金属を、他の溶融温度が低い金属で接着する「鑞附法」や螺旋の切り方についての練習が行われた後に、これらの作業を用いた「孔杓子」や「火箸」などの製作が行われていた。

また、「鉄細工」では、鉄の鍛合や鋼の焼き入れについての練習が行われた後、鋼の焼き入れを用いる「千枚綴」や「直角定規」、鉄の鍛合と鋼の焼き入れを用いる「切出小刀」の製作が行われていた。

このように、「金工」の基本的な工作法の学習は、道具や機械の使用法の練習、および具体的な製品の製作を通しての加工法の練習、の2つがあり、ここでは、「木工」と同様に、各分野のまとめの部分にある製作の製作手順は示

表 5-3　師範学校手工科用検定教科書でとりあげられた「金工」の道具と機械

道具・機械		①『師範教育手工教科書』(1907年)	②『師範学校手工教科書』(1908年)	③『改訂増補 手工科教材及教授法』(1927年)	④『新手工教科書』(1928年)	⑤『改訂 新手工教科書』(1933年) / ⑩『改訂 新手工教科書』(1942年)	⑥『女子師範学校手工教科書』(1934年) / ⑨『女子師範学校手工教科書』(1942年)	⑦『師範学校二部用 新手工教科書』(1938年) / ⑧『師範学校二部用 新手工教科書』(1942年)
切断器類	喰切		○		○	○	○	○
	ペンチ		○		○	○	○	○
	押切		○		○	○	○	○
	杠杆鋏				○	○	○	○
	金切鋏		○		○	○	○	○
	打抜鑿		○		○	○	○	○
	金挽鋸				○	○	○	○
	切鑿		○		○	○	○	○
	寒鑿				○	○	○	○
	鑿		○		○	○	○	○
	刮刀		○		○	○	○	○
	鐖		○		○	○	○	○
	鎗形刮刀				○	○	○	○
	生反刮刀				○	○	○	○
握持器類	火鉗		○		○	○	○	○
	手萬力		○		○	○	○	○
	取附萬力		○		○	○	○	○
	鋏火鉗				○	○	○	
	平萬力				○	○	○	
	立萬力				○	○	○	
台型類	折台		○		○	○	○	○
	折木		○		○	○	○	○
	烏口		○		○	○	○	○
	均台		○		○	○	○	○
	鉄砧		○		○	○	○	○
	心金		○		○	○	○	○
	曲棒		○		○	○	○	○
	溝台		○		○	○	○	○
	鉄輪		○		○	○	○	○
	鉛台		○					
	いちょう形台				○	○	○	
	鏝頭均台				○	○		○
	木台				○	○	○	
	鉄槌				○	○	○	
打撃器類	木槌		○		○	○	○	○
	手槌		○		○	○	○	○
	豆槌		○					
	平減		○					
	角減		○					
	円減		○					
	背切鑿		○		○	○	○	
	打出槌				○	○	○	○
	凹槌				○	○	○	
	減鑿				○	○		○
	涼爐		○		○	○	○	○
	爐		○		○	○	○	○
	火洞		○		○	○	○	○
	鞴		○		○	○	○	○

分類	品名							
火器類	風口		○		○	○	○	○
	鋳鍋		○		○	○	○	
	洋風鞴				○	○	○	
	溶解爐				○	○	○	
	坩堝				○	○	○	
	ブローパイプ				○	○	○	○
	踏鞴				○	○	○	○
	半田鏝				○	○	○	○
鑢類	平鑢		○		○	○	○	○
	角鑢		○		○	○	○	○
	円鑢		○		○	○	○	○
	甲円鑢		○		○	○	○	○
	三角鑢		○		○	○	○	○
	鎬鑢		○		○	○	○	○
	鏝鑢		○					
	刷子		○					
	小鑢				○	○	○	
	曲鑢				○	○	○	
穿孔器	目打		○		○	○	○	○
	打抜		○					
	轆轤錐		○		○			○
	繰子		○					
	刳錐		○					
	雄螺旋型		○		○	○	○	○
	雌螺旋型		○		○	○	○	○
	油差		○		○	○	○	
	えぐり		○		○	○	○	○
雑具類	円規		○		○	○	○	○
	カリパス		○		○	○	○	○
	直角定規		○		○	○	○	○
	筋罫引		○					
	平面定盤		○					
	罫書台		○		○	○	○	○
	直径規				○	○	○	
	罫書針				○	○	○	
	針金挾尺				○	○	○	
工作機械	金工枠鋸機				○		○	
	金工旋盤		○					
	板金工機械				○	○	○	○
	刃物研磨機				○	○	○	○
合計		0種	59種	0種	77種	75種	75種	57種

されず、製作図を参考にしながら、製作を行っていた。

　すなわち、「金工」の基本的な工作法の学習内容には、①ペンチや金切鋏などの道具や金工旋盤、板金工機械など機械の使用法の練習、②具体的な製品の製作を通しての加工法の練習、③製作図を参考にし、これまでの学習内容をふり返って、製作手順を考えながら製作を行う「応用工作」の３つがあったと考えられる。

　以上のように、「金工」においては、①金属材料の性質、金属材料の性質を変える方法、金属材料の性質の利用について理解させようとした金属材料に関する学習、②道具や機械のしくみとそのはたらきについて理解させるための道具と機械の学習、③道具や機械の使用法や金属の性質や道具の加工原理をふまえた加工法を身につけさせるための基本的な工作法の学習、④簡単な製作物を見通しをもって仕上げる力を身につけさせる金属製品の製作、が行われていたとみることができる。

3.「竹細工」の内容

(1) 竹材に関する学習

　竹材については、『師範教育手工教科書』(1908年)においては、「苦竹」、「淡竹」、「江南竹」、「含竹」の4種、『改訂増補　手工科教材及教授法』(1927年)においては、「苦竹」、「淡竹」、「篠竹」の3種、『新手工教科書』(1928年)以降の検定教科書においては、前記の竹材のほかに、「紫竹」、「箱根竹」などが加えられ、18種の竹材がとりあげられていた。

　そして、こうした竹材については、竹材の組織や竹材の性質、各種の竹材の産地や用途が述べられていた。

　すなわち、ここでは、竹材に関して、次の2つの学習内容があったとみることができる。

　第1に、竹材の組織や性質についての内容である。ここでは、竹材の組織について、「(一) 内部が空虚であって、外部が円形をした一種の長管状をして居る。(二) 質が柔靭で弾力があり、且湾曲性に富んで居る」[26]という2点があげられていた。また、竹材の性質については、「縦に割り易く薄葉的に剥ぎ易い」[27]や「自然根元から末に向つて剥ぐときは、節部節部に於て、斜に片寄って剥げる傾がある」[28]などがあげられていた。

　第2に、各種の竹材の産地や用途についての内容である。ここでは、前述したように、18種類の竹材がとりあげられ、それぞれの産地や用途について述べられていた。

　こうした点から、「竹細工」においては、竹材の性質や竹材の種類、用途についての竹材に関する学習が行われていたと考えられる。

（2）道具についての学習

　「竹細工」に使用する道具については、『改訂増補　手工科教材及教授法』（1927年）においては「竹挽鋸」、「竹割鉈」、「切出小刀」、「鼠歯錐」、「砥石」、「竹削台」の6種、それ以外の教科書では「竹挽鋸」、「竹割鉈」、「切出小刀」、「鼠歯錐」、「尺度」、「竹削台」の6種の道具がとりあげられ、それぞれの道具の構造、使用法について学習されていた（表5-4参照）。

表5-4　師範学校手工科用検定教科書でとりあげられた「竹細工」の道具

教科書 道具・機械	①『師範教育手工教科書』 (1907年)	②『師範学校手工教科書』 (1908年)	③『改訂増補　手工科教材及教授法』 (1927年)	④『新手工教科書』 (1928年)	⑤『改訂　新手工教科書』 (1933年) ⑩『改訂　新手工教科書』 (1942年)	⑥『女子師範学校手工教科書』 (1934年) ⑨『女子師範学校手工教科書』 (1942年)	⑦『師範学校二部用　新手工教科書』 (1938年) ⑧『師範学校二部用　新手工教科書』 (1942年)
竹挽鋸		○	○	○	○	○	○
竹割鉈		○	○	○	○	○	○
切出小刀		○	○	○	○	○	○
鼠歯錐		○	○	○	○	○	○
尺度		○		○	○	○	○
砥石			○				
竹削台		○	○	○	○	○	○
合計	0種	6種	6種	6種	6種	6種	6種

　すなわち、ここでは、「竹細工」の道具についての学習を通して、道具の構造や使用法を理解させようとしていたと考えられる。

（3）基本的な工作法についての学習

　『新手工教科書』（1928年）および『改訂　新手工教科書』（1933年）においては、「竹細工」の基本的な工作法の学習については、「竹の割方剥方」「角棒・円箸」「竹の曲方」「円竹の接合」「竹籃」「応用製作」の6つの学習項目が設定されていた。

　「竹の割方・剥方」では、尺度で寸法を測り、竹挽鋸で竹を切断したものを、竹割鉈を用いて、割る作業および剥ぐ作業の練習が行われていた。

　また、「角棒・円箸」では、尺度で寸法を測り、竹挽鋸で切断した竹材を、切出小刀を用いて両側面および内側の部分を削って、四角の棒をつくる作業、および角棒の角を削って正八角形の棒にし、さらに角を削って正十六角形の棒にして、円い棒に仕上げていく作業の練習が行われていた。

　「竹の曲方」では、尺度で寸法を測り、竹挽鋸で切断した竹材を、火鉢で熱して、曲げる作業の練習が行われた。

　さらに、「円竹の接合」では、尺度で寸法を測り、竹挽鋸で切断した2本の円い竹材を接合する作業の練習、「竹籃」では、尺度で寸法を測り、竹挽鋸で切断した竹材を、竹籃の組み方の練習が行われていた。

　そして、このように、いくつかの基本的な練習をした後に、「応用練習材料」として、「ペン皿・茶箕」「吊手・網針・茶焙器」「重亂籃・料紙籃」「二枚折屏風」の製作が行われていた。

　ここでの製作題材については、前述の「木工」および「金工」のそれと同様に、製作手順がしめされず、製作図によって、手順を考えさせて製作させるものであった。

　このようにみると、「竹細工」の基本的な工作法の学習内容には、①鋸、小刀、鉈などの道具の使用法の練習、②具体的な製品の製作を通しての加工法の練習、③製作図を参考にし、これまでの学習内容をふり返って、製作手順を考えながら製作を行う「応用練習」の3つがあったと考えられる。

　以上のように、「竹細工」においては、①竹材の性質について理解させるための竹材に関する学習、②道具のしくみとそのはたらきについて理解させるための道具の学習、③道具の使用法と竹材の性質や道具の加工原理をふまえた加工法を身につけさせるための基本的な工作法の学習、④簡単な製作物を見通しをもって仕上げる力を身につけさせる竹製品の製作、が行われていたとみることができる。

4.「コンクリート工」(「セメント工」) の内容

(1) セメントに関する学習

　「コンクリート工」の材料であるセメントについては、「水を加えると、凝結する力を生じる」[29] ことや、「空中に放置すると湿気を吸収して、遂には凝結性を失ふ」[30] ことなどのセメントの性質についての学習が行われていた。

　また、セメントは、このような性質をもっていることから、「貯蔵には防湿性の器に入れ、口を密閉して置く」[31] というセメントの保存法についても学習されていた。

　このように、「コンクリート工」においては、水を加えると凝結する性質や湿気を吸収すると凝結性を失う性質などのセメントの化学的性質、およびセメントの保存法についての学習が行われていたと考えられる。

(2) 道具についての学習

　「コンクリート工」ないし「セメント工」の道具については、「大体鋸・鉋・鑿・木槌・鉄槌・錐・釘抜等の木工用具、ペンチ・火鉗・金切鋸・金切鋏・型鉄砧・鑿・鉄槌等の金工用具、及び撓鉄器と曲げ台・練台・枡・容器・シャベル・塗鏝・鏝板・刷毛等である」[32] とされ、師範学校手工科用検定教科書では、「撓鉄器」、「曲げ台」、「練台」、「桝」、「容器」、「シャベル」、「塗鏝」、「鏝板」、「刷毛」の9種の道具が取り上げられている (表5-5 参照)。

　これらのうち、「撓鉄器」については、「鉄杆の頭部に鉄棒を噛への溝がある」[33] とされ、その構造について述べられていた。また、「曲げ台」についても、「普通樫木の平面板上所望の位置に太い釘を植えたものである」[34] とされ、その構造について述べられていた。そして、これら2つの道具を使っての鉄棒を曲げる方法についても述べられていた。

　「桝」については、「セメント・砂・砂利を量ると共に、その運搬に便するものである」[35] とされ、その用途について述べられていた。また、これと同様に、「シャベル」、「容器」、「塗鏝」、「鏝板」、「刷毛」についても、その用途について述べられていた。

表5-5 師範学校手工科用検定教科書でとりあげられた「コンクリート工」の道具

教科書 道具・機械	①『師範教育手工教科書』(1907年)	②『師範学校手工教科書』(1908年)	③『改訂増補 手工科教材及教授法』(1927年)	④『新手工教科書』(1928年)	⑤『改訂 新手工教科書』(1933年) ⑩『改訂 新手工教科書』(1942年)	⑥『女子師範学校手工教科書』(1934年) ⑨『女子師範学校手工教科書』(1942年)	⑦『師範学校二部用 新手工教科書』(1938年) ⑧『師範学校二部用 新手工教科書』(1942年)
撓鉄記					○	○	○
曲げ台					○	○	○
練台					○	○	○
桝					○	○	○
容器					○	○	○
シャベル					○	○	○
塗鏝					○	○	○
鏝板					○	○	○
刷毛					○	○	○
合計	0種	0種	0種	0種	9種	9種	9種

　このような点から、「コンクリート工」および「セメント工」においては、「撓鉄器」、「曲げ台」、「桝」、「シャベル」などの9種の道具についての構造や使用法、用途についての学習が行われていたと考えられる。

(3) 基本的な工作法についての学習

　師範学校手工科用検定教科書においては、「コンクリート工」ないし「セメント工」の基本的な工作法について、4ないし5つの学習項目が設定されていた。

　このうち、『改訂　新手工教科書』(1933年)においては、「コンクリート工」の基本的な工作法について、「コンクリートの一般的施工法」、「コンクリートの施工実例」、「コンクリートの舗装」、「庭池」、「応用練習」の5つの学習項目が設定されていた。

　「コンクリートの一般施工法」では、「コンクリート工は、目的物が決定したならば、通常その設計図及び仮枠図面の作製・鉄筋の組立・仮枠の構作・コンクリートの混練方及び打込・仮枠除去・仕上の順序を経る」[36]とされ、この順序で、それぞれの作業についての学習が行われていた。

　例えば、「コンクリートの施工に於て第一になすべきは、目的物の設計図及び仮枠図面の作製である」[37]とされる目的物の設計図や「仮枠」の図面の作製

法についての学習が行われた後、図面通りに鉄筋を配置し、かつ、施工中に移動しない方策を講じる「鉄筋の組立」の方法や、乾燥剤を使用して鉄線や鋲、ボルトなどを使用して固定する「仮枠の構作」の方法が学習されていた。

　そして、次に「コンクリートの混練方及び打込」について、セメントと砂と砂利を調合する割合や、「手練」と「機械練」のコンクリートの練り方、コンクリートを「仮枠」の中に注入する方法の学習が行われた後、「仮枠除去」の方法や、「仕上」について、モルタルを表面に塗る「モルタル仕上」と、天然の有色凝原体を塗るか、あるいは顔料をコンクリートまたはモルタルに混入させて着色する「着色仕上」の方法が学習されていた。

　また、「コンクリート工」の基本的な工作法の学習では、このようにコンクリートの施工法に関するいくつかの基本的な作業についての学習が行われた後、「コンクリートの施工実例」として、「長方形植木鉢」の製作を通してこれらの作業の練習が行われていた。

　さらに、「コンクリートの舗装」では、コンクリートの舗装法についての学習が行われ、「庭池」では、コンクリートの舗装法の練習が行われていた。

　そして、こうした練習、製作の最後には、「応用練習」として、「庭池」、「花壇」、「植木鉢」の製作が行われていた。

　このようにみると、「コンクリート工」および「セメント工」の基本的な工作法の学習内容には、①加工法に関する基本的な学習、②具体的な製品の製作を通しての加工法の練習、③製作図を参考にし、これまで学習した内容をふり返って、手順を考えながら製作を行う「応用練習」、の3つがあったと考えられる。

　すなわち、「コンクリート工」および「セメント工」においては、セメントの性質や道具の加工原理をふまえた加工法と、簡単な製作物を見通しをもって仕上げる力、を身につけさせようとした基本的な工作法についての学習が行われていたとみることができる。

　以上のように、「コンクリート工」および「セメント工」においては、①セメントの化学的性質を理解させるための材料に関する学習、②「撓鉄器」、「曲

げ台」、「桝」、「シャベル」などの道具のしくみについて理解させるための道具の学習、③各種の道具の使用法とセメントの化学的性質をふまえたコンクリートの加工法を身につけさせるための基本的な工作法の学習、④簡単な製作物を見通しをもって仕上げる力を身につけさせるためのコンクリート製品の製作、が行われていたとみることができる。

5.「粘土細工」の内容

(1) 粘土に関する学習

　粘土については、「その質は、甚だ緻密であって粘性に富んで居る」[38] などの粘土の性質についての学習が行われていた。

　また、「粘土細工」で使用する粘土は、「適度に練った時に、次の条件に適するものでなければならぬ」[39] とされ、粘土の選択方法についての学習も行われていた。

　さらに、「各地から産する粘土は、概ね直に練って使ふことが出来る。けれども、稍精巧な細工には、更にこれを精製しなければならぬ」[40] とされ、粘土の精製法についての学習が行われていた。

　このような点から、「粘土細工」においては、粘土の化学的性質、粘土の選択法、粘土の精製法についての学習が行われていたとみることができる。

(2) 道具についての学習

　「粘土細工」で用いる道具としては、「切箆」、「撫箆」、「押箆」などの「粘土箆」のほかに、「粘土板」、「厚さ定規」、「掻取」、「綿布」、「円棒」、「粘土焼窯」などの 10 種の道具がとりあげられた（表 5-6 参照）。

　これらのうち、「粘土焼窯」については、その構造と、はたらきの原理について述べられていた。

　また、これらのうち、「粘土焼窯」をのぞく、9 種の道具については、用法のみについて述べられていた。

　このように、「粘土細工」においては、一部、「粘土焼窯」しくみやはたらき

表5-6　師範学校手工科用検定教科書でとりあげられた「粘土細工」の道具

教科書 道具・機械	①『師範教育手工教科書』(1907年)	②『師範学校手工教科書』(1908年)	③『改訂増補 手工科教材及教授法』(1927年)	④『新手工教科書』(1928年)	⑤『改訂 新手工教科書』(1933年) ⑩『改訂 新手工教科書』(1942年)	⑥『女子師範学校手工教科書』(1934年) ⑨『女子師範学校手工教科書』(1942年)	⑦『師範学校二部用 新手工教科書』(1938年) ⑧『師範学校二部用 新手工教科書』(1942年)
台板（粘土板）		○	○	○	○	○	○
厚さ定規		○	○	○	○	○	○
切箆		○	○	○	○	○	○
鋤箆		○	○	○	○	○	○
突箆		○	○	○	○	○	○
押箆		○	○	○	○	○	○
掻取		○	○	○	○	○	○
綿布		○		○	○	○	○
円棒				○	○	○	○
粘土焼窯		○					
合計	0種	9種	7種	9種	9種	9種	9種

の原理についての学習が行われていたけれども、これまでみてきた他の分野の道具の構造や使用法、はたらきの原理などについて理解させようとする道具や機械の学習はほとんど行われなかったとみられる。

(3) 基本的な工作法についての学習

　『師範学校手工教科書』（1908年）においては、「粘土細工」の基本的な工作法として、「粘土細工焼方」の学習が行われていた。ここでは、製作品を充分に乾燥させてから「粘土焼窯」に入れて焼くという「素焼」と、「素焼」する面に「釉薬」を塗ってから焼くという「釉薬焼」の2つの方法による焼き方の学習が行われていた。

　また、これ以外の教科書においては、「粘土細工」の基本的な工作法について、7ないし8の学習項目が設定されていた。

　例えば、『新手工教科書』（1928年）においては、「粘土細工」の基本的な工作法について、「壺」、「飲食器」、「果物　野菜」、「動物」、「応用製作」、「アカンサス」、「牡丹」、「葉　葉に花」の8つの学習項目があった。

　これまでの分野の基本的な工作法についての学習においては、いくつかの道具の使用法や材料の加工法を練習し、その後、練習した作業を応用させた製品の製作を行っていた。しかし、ここでは、はじめから「壺」や「飲食器」、「果

物　野菜」などの製作が行われ、「粘土細工」の道具の使用法や基本的な加工法について学習させたり、練習させたりすることは行われていなかった。

　以上のように、「粘土細工」においては、①粘土の化学的性質や保存法、精製法について理解させようとした粘土に関する学習、②粘土の加工法を身につけるための製作、が行われていたとみることができる。そして、ここでは、これまで述べてきた分野において行われていた道具のしくみとはたらきについての学習は、行われなかったと考えられる。

6.「石膏細工」の内容

(1) 石膏に関する学習

　「石膏細工」の材料である石膏については、「色は多く純白色をなし、微細な粉末から成つて居る」[41] や、「これを適量の水に入れて溶く時は、化合熱を発して硬化結晶する」[42] などの石膏の性質についての学習が行われていた。
　また、石膏が、このような性質を持つことから、「保存には鑵又は瓶に入れて口を密封して置く」[43] という石膏の保存方法についても学習されていた。
　このように、「石膏細工」の材料である石膏に関しては、水に溶かすと硬化結晶をするという石膏の化学的性質やその保存法を理解させるための学習が行われていた。

(2) 道具についての学習

　「石膏細工」で用いる道具については、『師範学校手工教科書』(1908 年) および『改訂増補　手工科教材及教授法』(1927 年) においては 9 種、『新手工教科書』(1928 年) 以降の教科書では、19 種のものがとりあげられていた（表5-7 参照）。
　これらの道具については、「粘土細工」と同様に、用法のみについて述べられていた。
　すなわち、「石膏細工」においても、道具の構造や使用法、はたらきの原理

などについて理解させようとする道具や機械の学習は行われなかったとみられる。

（3）基本的な工作法についての学習

　師範学校手工科用検定教科書においては、「石膏細工」の基本的工作についての学習内容が、「寒天型」と「石膏型」の 2 つの大きな柱からなっていた。

　このうち、「寒天型」は、「寒天」で雌型をつくる方法についての学習で、ここには「寒天の溶き方」、「原型の処理法」、「型の作り方」、「石膏の溶き方」、「石膏の注入法」、の 6 つの学習項目が設定され、それぞれの作業法についての学習が行われていた。

　また、「石膏型」では、「石膏」で雌型をつくる方法についての学習で、ここには、「実物を石膏に取る法」、「浮彫を石膏に取る法」、「塑像を石膏に取る法」の 3 つの学習項目が設定され、それぞれの作業法についての学習が行われて

表 5-7　師範学校手工科用検定教科書でとりあげられた「石膏細工」の道具

道具・機械 ＼ 教科書	①『師範教育手工教科書』(1907 年)	②『師範学校手工教科書』(1908 年)	③『改訂増補 手工科教材及教授法』(1927 年)	④『新手工教科書』(1928 年)	⑤『改訂 新手工教科書』(1933 年) ⑩『改訂 新手工教科書』(1942 年)	⑥『女子師範学校手工教科書』(1934 年) ⑨『女子師範学校手工教科書』(1942 年)	⑦『師範学校二部用 新手工教科書』(1938 年) ⑧『師範学校二部用 新手工教科書』(1942 年)
匙		○	○	○	○	○	○
粘土板		○	○	○	○	○	○
厚さ定規		○	○	○	○	○	○
切箆		○	○	○	○	○	○
鋤箆		○	○	○	○	○	○
突箆		○	○	○	○	○	○
押箆		○	○	○	○	○	○
掻取		○	○	○	○	○	○
綿布		○	○	○	○	○	○
円棒				○	○	○	○
鍋				○	○	○	○
水槽				○	○	○	○
原型			○	○	○	○	○
寒冷紗				○	○	○	○
筆				○	○	○	○
絵の具皿				○	○	○	○
鉢				○	○	○	○
鏨				○	○	○	○
槌				○	○	○	○
合計	0 種	9 種	9 種	19 種	19 種	19 種	19 種

いた。

　そして、その後、「応用工作」として、それまでに解説された作業をいくつか組み合わせてできる「卵」や「密柑」「胡瓜」などの製作題材がとりあげられていた。

　このようにみると「石膏細工」の基本的な工作法の学習には、①「石膏細工」の基本的な加工法についての学習、②「石膏細工」に加工法を身につけるための製作、の2つがあったと考えられる。ここにおいても、「粘土細工」と同様に、道具や機械の使用法の練習や加工法の練習は行われなかったとみられる。

　以上のように、「石膏細工」においては、①石膏の化学的性質や保存法について理解させようとした石膏に関する学習、②「石膏細工」加工法を身につけるための学習、が行われていたとみることができる。そして、ここにおいても、これまで述べてきた分野において行われていた道具のしくみとはたらきについての学習は、行われなかったと考えられる。

　このように、師範学校手工科用検定教科書における実習の内容を分析すると、その特徴として少なくとも次の点が指摘できる。

　第1に、「木工」や「金工」のみばかりでなく、「竹細工」、「コンクリート（セメント）工」、「粘土細工」、「石膏細工」を含めた少なくとも6分野の学習が、手工科の実習で行われていたという点である。

　第2に、こうした実習においては、多種多様な道具や機械がとりあげられていた点である。特に、「木工」と「金工」においては、道具ばかりでなく、工作機械に関するしくみとはたらきの原理ならびに操作法が、その内容として課されていた。

　また、第3に、実習における学習内容が、①材料の生物学的、化学的性質について理解させるための材料に関する学習、②道具や機械のしくみとそのはたらきの原理について理解させるための道具と機械の学習、③道具や機械の使用法、および材料の性質や道具と機械の加工原理をふまえた加工法を身につけさせるための基本的な工作法の学習、の3つの内容で構成されていたという

点である。「粘土細工」や「石膏細工」においては、②の道具と機械の学習が行われていないものもあるけれども、ほとんどの分野は、この3つ内容で実習が行われていた。

　こうした点から、師範学校手工科用検定教科書における実習の内容は、広範囲な分野にわたっていたばかりでなく、各分野の内容においても、材料の学習、道具および機械の学習、さらには、加工法の学習にわたって、多様な事項が課されていたとみることができる。

第2節　師範学校手工科用検定教科書における教授法の特徴

1.「木工」の教授法

　『師範学校手工教科書』（1908年）における「木工」には、35の学習項目が設定されていた（以下、項目の順序がわかるように、【　】で順序の番号を表記する。）

　ここでは、まず「鉋は木材を削る工具にして、木工具中最もその用多きもの」[44]であることから、【1】「平鉋」および【2】「各種の鉋」、鉋身の抜き差しするときに用いる【3】「木槌」と【4】「鉄槌」、および鉋の刃を研ぐために用いる【5】「砥石」がとりあげられ、鉋を用いての板削りおよび角柱削りの練習が行われていた。

　さらに、【6】「木材」では、木材の組織や性質および木取りの方法についての材料に関する学習が行われた。

　そして、その後、【7】「板削練習」が行われた。ここでは、鉋で杉材の表面、木端、木口を削るという作業を行う。したがって、この練習をするためには、ここまでに学習してきた【1】から【5】までに学習した鉋を使った板の表面、木端、木口を削る作業が必要になる。

　次いで、【8】「曲尺」や【9】「直角定規・斜角定規・留定規」、【10】「筋罫引」、【11】「下端定規」、【12】「直角小口台・止小口台・止枠」、【13】「錐」の学習項目が設定され、これらを用いた作業の練習が行われた。

そして、その後、【14】「木札二枚」および【15】「方柱二本」の製作が行われた。

「木札二枚」は、①２枚の板の１面を平鉋で平坦に削る、②下端定規で表面の高低を検査する、③筋罫引で、それぞれの板の両方の木端および木口に厚さ４分の目印を記す、④各板の４辺を４分の目印まで削って斜面をつける、⑤各板の１つの木端を表裏面に対して直角に削る、⑥筋罫引で幅２寸５分を板の表裏に記す、⑦他方の木端を削って、両方の木端を平行にする、⑧各板の木口を表裏および木端と直角になるように削る、⑨木端、木口、表裏が直角になっているか、直角定規で検査する、⑩坪錐で釘穴をあける、⑪木端、木口、表裏を仕上げ削りをする、という作業工程で製作するものである。

すなわち、この「木札二枚」は、【8】から【13】で練習した作業だけでなく、手順①・④・⑤・⑦・⑧・⑪にみられるように、【1】から【5】までに学習した鉋で板の平面、木端、木口を削る作業、が必要になっている。

また、これと同様に、「方柱二本」についても、製作するためには、【8】から【13】までに学習した作業だけでなく、【1】から【5】までに学習した作業と、【6】で学習した知識が必要となっている。

【16】「鋸」、【17】「各種の鋸」では、「鉋と共に木工具中有用の工具なり」[45]とされる鋸についての練習が行われた。

次いで、鋸の刃を研磨して刃先を整えることに用いる【18】「目立鑢」と、鋸の刃を左右交互に振り分けることに用いる【19】「目振」の練習が行われた。

そして、【20】「鋸挽練習」が行われた。具体的には、さきに製作した「方柱二本」を使って、①１本には、筋罫引で縦に２分幅の平行線を記す、②他の１本には、直角定規で横に２分幅の平行線を記す、③その線上を鋸で切断していく、④いくら挽き方に注意しても、目印より外れる場合は、鋸の刃が不完全な状態にあるため、修正する、という手順で行うものである。すなわち、ここでは、【16】から【19】で練習した鋸を用いての切断作業だけでなく、手順①や②にみられるように、【8】から【13】で練習した筋罫引や直角定規も使用しての作業が必要となっている。

また、「鋸挽練習」の後には、【21】「八角形鉄瓶敷」の製作が行われた。

　「八角形鉄瓶敷」とは、①桐板の両面を鉋で削って、厚さ3分、1辺3寸の正方形をつくる、②正方形の中に正八角形を記す、③記した線にそって鋸で切断し、鉋で削って、八角形にする、④表面を鉋削りする、という手順で製作するものである。

　すなわち、ここでは、【16】から【19】にかけて学習した鋸を使用した木材の切断だけでなく、手順①、③、④では、【1】から【6】で学習および練習した鉋削りの作業、手順②では、【8】から【13】までに学習した定規を用いての作業が必要となっている。

　次に、「鉋・鋸に次ぎて、木工具中要用なるもの」[46]とされる【22】「鑿」および【23】「各種の鑿」の学習が設定され、鑿の構造や使用法についての学習が行われた。

　そして、【24】「糊押板」、【25】「相欠指口」、【26】「三角定規」、【27】「額縁」、【28】「下端定規」、【29】「製図板」、【30】「印籠蓋硯箱」、の製作が設定されている。

　「糊押板」は、①板の両面を鉋で平らに削って既定の厚さにつくる、②木口および木端を鉋で削り、教科書の図に示された通りの形にする、③横挽鋸で蟻溝の両脇を斜めに切断する、④鑿で蟻溝を掘る、⑤鋸で脚になる板の厚さと幅、および蟻鯑を既定の厚さにつくる、という手順で製作するものである。すなわち、ここでは、薄い板に脚を固定する場合などに使用する蟻接合が用いられており、この製作を通して、蟻接合について学習および練習が行われていたと考えられる。また、【22】および【23】で練習した鑿を用いての溝を掘るという作業のほかに、手順①、②では、【1】から【6】までの鉋を用いて木材を削る作業、手順③、⑤では、【16】から【19】での鋸を用いて木材を切断するという作業が必要となっている。

　「相欠指口」は、①鉋を用いて、長さ5寸、幅1寸2分の方柱を3本削りとる、②教科書に示された図のように計画図を記す、③鋸で2本の方柱にほぞをつくる、④1本の方柱に鑿でほぞ穴をあける、⑤組み立てる、という手順で製作するものである。すなわち、ここでは、柱を接合する場合に使用するほぞ接合が用いられており、この製作を通して、ほぞ接合についての学習が行わ

148

れていたと考えられる。また、【22】および【23】で学習した鑿を用いての溝を掘るという作業のほかに、手順①では、鉋を用いて木材を削る作業、手順②では、定規を用いて線を記す作業、手順③では、鋸を用いて木材を切断するという作業が必要となっている。

　これらと同様に、「額縁」では、板や柱を直角に接合する際に用いる留め接、「製図板」では、木材の木端と木端を接合する際に用いる曳合、「印籠蓋硯箱」では、板の木口にほぞを設けて組み合わせる組手が用いられており、これらの製作を通して、留め接、曳合、組手の学習が行われていたと考えられる。

　その後、【31】「各種小刀」では剞小刀、切出小刀、円鋤、生反小刀の4種の小刀の構造や使用法についての学習、【32】「木鑢」では木鑢の構造と使用法についての学習が行われた。

　また、【33】には「帽子掛」、【34】には「置物台」の製作が行われている。これらの製作は、これまでの製作と同様に、小刀や木鑢を用いて木材を削る作業だけでなく、【1】から【30】までに練習してきた作業の内容を含むものであった。

　そして、【35】には、その他の工具がとりあげられ、最後に、これまでに学

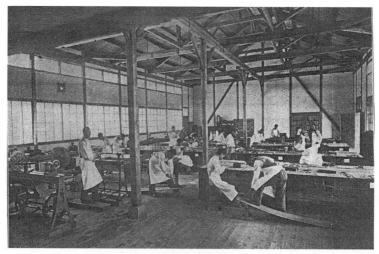

写真 5-1　東京高等師範学校木工室

習および練習したすべての作業を必要とする「定規」、「状刺」、「茶盆」、「煙草盆」、「本箱」の参考図がとりあげられている。すなわち、「木工」の最後には、この領域のまとめとして、これまでに学習し、練習してきた作業のすべてを含む製品の製作を行っていたと考えられる。

　以上のように、「木工」においては、2、3の基本的な作業の練習をした後、それらの作業を含む製品の製作を行い、次にまた新たな2、3の作業を練習させ、今度は、それまでに練習した作業の全部ないし大半を含むより多様で複雑な製品を製作させる。そして、これを段階的に繰り返すことを通して、それまでに練習した作業を何度も練習させ、「木工」の加工法に関する技能を意図的・系統的・効果的に身につけさせようとする方法がとられていたと考えられる。

2. 「竹細工」、「金工」、「コンクリート工」（「セメント工」）、「石膏細工」の教授法

　「竹細工」の基本的な工作法に関する学習においては、4ないし7つの学習項目が設定されていた。

　例えば、『新手工教科書』（1928年）および『改訂　新手工教科書』（1933年）における「竹細工」の実習には、7つの学習項目が設定されていた。

　【1】「竹の割方・剥方」では、尺度で寸法を測り、竹挽鋸で竹を切断したものを、竹割鉈を用いて、割る作業および剥ぐ作業の練習が行われていた。

　また、【2】「角棒・円箸」では、尺度で寸法を測り、竹挽鋸で切断した竹材を、切出小刀を用いて両側面および内側の部分を削って、四角の棒をつくる作業、および角棒の角を削って正八角形の棒にし、さらに角を削って正十六角形の棒にして、円い棒に仕上げていく作業の練習が行われていた。

　【3】「竹の曲方」では、尺度で寸法を測り、竹挽鋸で切断した竹材を、火鉢で熱して、曲げる作業の練習が行われた。

　さらに、【4】「円竹の接合」では、尺度で寸法を測り、竹挽鋸で切断した2本の円い竹材を接合する作業の練習、【5】「竹籃」では、尺度で寸法を測り、竹挽鋸で切断した竹材を用いた竹籃の組み方の練習が行われていた。

そして、このように、いくつかの基本的な練習をした後に、【6】「応用練習材料」として、「ペン皿・茶箕」、「吊手・網針・茶焙器」、「重乱籃・料紙籃」、「二枚折屏風」の製作が行われていた。

同書では、これらの製品の製作手順については述べられていない。しかし、『師範学校二部用　新手工教科書』（1938 年）によると、「ペン皿」とは、「直径 8 ㎝乃至 10 ㎝、節間 23 ㎝乃至 27 ㎝の苦竹の両端に節をつけて切り、これを二つ割にし、底の部分の大体を割り取り、節の高い部分を削り去り、小口は節に沿って削り、高さを図に示す位にする」[47]という手順で製作するものとされている。すなわち、「ペン皿」の製作には、①【1】と【2】で練習した尺度を用いて寸法を測る作業、②【1】と【2】で練習した竹挽鋸で竹を切断する作業、③【1】で練習した竹割鉈で竹を 2 つに割る作業、④【2】で練習した切出小刀で節の高い部分や木口を削る、の 5 つの作業が必要になると考えられる。

そして、最後に【7】「竹材の着色」で、竹の着色方法についての学習が行われた。

このように、「竹細工」では、竹を割る、剥ぐ、削る、曲げる、接合する、組むなどの、いくつかの基本的な作業について練習させた後、それらの作業に必要な技能のいくつかを組み合わせてできる「ペン皿・茶箕」、「吊手・網針・茶焙器」、「重乱籃・料紙籃」、「二枚折屏風」などの製品を製作させることを通して基本的な作業を応用させ、「竹細工」の技能を正確に身につけさせようとしていたと考えられる。

そして、このような視点で、その他の分野を概観すると、とくに「金工」や「コンクリート工」（「セメント工」）、「石膏細工」においては、「竹細工」の教授法と同様の特徴がみられる。

前述したように、「金工」の基本的な工作法の学習は、「針金細工」、「ブリキ細工」、「銅・黄銅細工」、「鉄細工」の 4 つの分野に分けられている。

そして、「針金細工」には、「亀甲網」と「応用製作」の 2 つの学習項目が設定されていた。

「亀甲網」では、①針金の伸ばす、②ヤットコを用いて針金の曲げる、③鑢

や喰切を用いて針金の切断する、④銅や真鍮の線が硬くて使用困難な場合に、藁火で焼き、そのまま放置するという針金の焼鈍、という４つの針金を加工する作業の練習が行われていた。

　そして、その後、「応用工作」として「肴焼」と「鳥籠」の製作が行われていた。これらの製作物は、「鳥籠・窓等に網を作る方法も、略これと同様である」[48]とされている。すなわち、ここでの製作物は、「亀甲網」の製作で練習した作業を用いて製作するものであったといえる。

　「板金穿孔彫刻」では、板金に図案を書く作業、「穿孔針」を用いて図案を浮き出させる作業、「背景穿孔針」を用いて背景の穴をあける作業、製品を装飾する作業、についての練習が行われていた。そして、これらの作業を応用し、「写真挟」、「犬の額」、「額縁」、「人物額」、「筆立」、「インキ押」、「手箱」、「ステッキ入」などの製作が行われた。

　同様に、「ブリキ細工」では、ブリキ板を折り曲げる、「半田鏝」でブリキ板を接合する、という２つの作業の練習が行われた後、ブリキ板の側面・背面・地板の縁を折り返し、両側面と背面を折って立て、それらの接合部を半田鏝で接合するという「塵取」の製作が行われていた。

　「銅工」では、２片の金属を、他の溶融温度が低い金属で接着する「鑞附法」や螺旋の切り方についての練習が行われた後に、これらの作業を用いた「孔杓子」や「火箸」などの製作が行われていた。

　また、「鉄細工」では、鉄の鍛合や鋼の焼き入れについての練習が行われた後、鋼の焼き入れを用いる「千枚綴」や「直角定規」、鉄の鍛合と鋼の焼き入れを用いる「切出小刀」の製作が行われていた。

　他方、「コンクリート工」においては、「長方形植木鉢」で「製図」、「鉄筋の組立」、「仮枠」、「コンクリート練方」、「コンクリートの打方」、「仮枠除去」、「表面仕上」などの「コンクリートの一般施工法」の練習が行われていた。

　次に、「庭池」では、「コンクリートの舗装法」の練習が行われていた。

　そして、こうした練習の後には、「応用練習」として、「コンクリートの一般施工法」と「コンクリートの舗装法」のいくつかの作業を組み合わせた「庭池」、「花壇」、「植木鉢」の製作が行われていた。

　また、「石膏細工」では、「寒天型の作り方」（寒天の溶き方、石膏の溶き方、
原型の作り方、石膏の注入法など）および「石膏型の作り方」についての練習
が行われた後、「応用工作」として、それまでに解説された作業をいくつか組
み合わせてできる「卵」や「密柑」、「胡瓜」などの製作が行われていた。

　以上のように、「竹細工」、「金工」、「コンクリート工」、「石膏細工」におい
ては、いくつかの基本的な作業について練習させた後、それらの作業のいくつ
かを組み合わせてできる製品を製作させることを通して、技能を意図的・系統
的に身につけさせようとする方法がとられていたと考えられる。

3.「粘土細工」の教授法

　「粘土細工」は、「壺」、「飲食器」、「果物　野菜」、「動物」、「応用製作」、「ア
カンサス」、「牡丹」、「葉　葉に花」の8項目からなっていた。

　これまでみてきたように、「竹細工」や「金工」、「木工」などは、はじめに
いくつかの基本的な作業を練習し、その後、その作業のいくつかを含む製品の

写真 5-2　東京高等師範学校金工室

製作を行う方法がとられていた。

　しかしながら、「粘土細工」は、はじめから「壺」や「飲食器」、「果物　野菜」などの製作題材がとりあげられ、すべての学習項目が、様々な製作題材の製法および留意事項になっている。「粘土細工」の基本的な加工法に関する解説はない。

　見方をかえれば、これは、製作を通して、「粘土細工」に必要な知識や技能を獲得させようとしていたとみることができる。すなわち、こうした教授の方法は、「物品法」であったと考えられ、「粘土細工」においては、「物品法」によって、技能教授が行われていたと考えられる。

第3節　師範学校手工科用検定教科書における手工科教育の目的的価値課題の特質

　本章ではこれまで、師範学校手工科用検定教科書における実習の内容と教授法について、「木工」、「金工」、「竹細工」など、「細工」と称する各分野の内容と教授法を分析し、その特徴の検討を行ってきた。

　しかし、こうした実習の内容と教授法は、何のために当該内容を当該教授法で教えようとするかの意図、すなわち、当該教育活動を主導する目的的価値課題によって、それらの意味合いや評価は変わってくるといえる。そのため、師範学校手工科用検定教科書における実習と教授法、およびその特徴を考えるうえでも、同検定教科書で展開されている手工科教育の目的的価値課題の分析は不可欠な作業になってくる。

　したがって、ここでは、師範学校手工科用検定教科書において、「手工教授法」ないし「手工科教授法」として展開されている手工科教育理論、とりわけ、目的的価値課題に関わる手工科教育の目的論を分析し、その特質を明らかにすることを試みる。

　ところで、手工科教育理論や手工科教育の目的論は、『師範教育手工教科書』（1907年）をのぞく、すべての師範学校手工科用検定教科書において展開されていた。

　これらの検定教科書のうち、『改訂増補　手工科教材及教授法』（1927年）

から『師範学校二部用　新手工教科書』（1938年）までの5種の検定教科書に
おける手工科教育の目的論は、1891（明治24）年の「小学校教則大綱」（文部
省令第11号）で、「手工ハ簡易ナル物品ヲ製作スルノ能ヲ得シメ工業ノ趣味ヲ
長シ勤労ヲ好ムノ習慣ヲ養フヲ以テ要旨トス」の目的規定に即して、その内容
を、第1に、「物品製作の能を養ふこと」、第2に、「工業の趣味を養ふこと」、
第3に、「勤労を好む習慣を養ふこと」の3つの柱で構成している点は共通し
たものになっている[49]。

　すなわち、第1の、「物品製作の能を養ふこと」について、『改訂増補　手
工科教材及教授法』（1927年）では、「児童はこれに依つて、自己の経験界か
ら得たもの、諸教科に於て学んだもの、又は自己の創意に係るもの等を実地に
発表して、種々の経験を得、思想感情を練り、技術を長じ、勤労自為の徳を進
め、同時に物品を得る」と述べられ、「物品製作」が、自分のこれまでに経験
してきたものや他の教科で学んできたもの、および自分が考案したものなどを
表現し、同時に、様々な経験をし、思想や感情、技術を発達させ、勤労の精神
を養うとされている。そして、こうしたことから、「物品製作の能を養ふこと」
が、「手工科教授の主体」であるとされ、そのためには、「第一に創作力の養成
に努めねばならぬ」と述べられている[50]。

　また、同書では、「創作力の養成」が「手工科教授の一大任務である」とされ、
そのため、「手工科教材の選択」において、手工科でとりあげる教材の選択基
準の第1番目の項目に「創作力を養ふに適するもの」があげられている[51]。

　そして、この「創作力の養成」については、「社会国家の発達に大関係を有
し、産業競争の劇しき今日、他国と優を争ふには、大にこれを発達せしめねば
ならぬ。而して常に実際につき物品の工夫・構成を事とする本科は、よくこの
能力の発達に適する」[52]と述べられ、「創作力」が、社会国家の工業発展を促し、
国際的な産業競争にくみしていくためには不可欠な能力であり、手工科は、実
際の物品を工夫し構成するゆえに、この能力を発達させることができるとされ
ている。

　すなわち、ここで論じられていた「創作力の養成」とは、当時の「児童自身
の創作力に訴えて、その芸術的表現活動を旺盛にする」[53]といわれる芸術的な

手工という意味合いでの「創作力の養成」ではない。ここで論じられている「創作力の養成」とは、物品を構想し、製作すべき物品の「形態を分解綜合して、その構成の順序方法を巧妙に計画せしむる」[54]等の表現にみられるように、工業ないし産業における計画・立案・段取りなどに関わる創意的・構成的能力の育成という意味合いであり、こうした意味合いでの「創作力の養成」が、手工科教授の目的の主体である「物品製作の能を養ふ」うえでの最も重要な側面であるとして重く位置づけられていた。

　具体的には、ここでの「創作力」とは、第1節で言及した実習での「応用工作」において、工作図を読み、それまでの学習内容をふり返りながら、分析綜合して、必要な作業や道具などを想定し、さらに、それらの作業順序や段取りなど計画し判断しながら、より合理的な方法にまとめあげ、実施によって、さらに修正を加えていくような学習活動のなかで育まれる能力であるとみてよいと考えられる。

　このように、『改訂増補　手工科教材及教授法』（1927年）は、手工科教授の目的の主体は物品を製作する能力を養うことであるとし、とりわけ、物品を製作する能力のなかでも、工業の発展を促し国際的な産業競争にくみするという文脈から、「創作力の養成」という表現で、工業ないし産業における計画・立案・段取りなどに関わる創意的・構成的能力の育成を重く位置づけていた。

　そして、この点は、1927（昭和2）年から1934（昭和9）年までに発行された4種の師範学校用手工科検定教科書すべてにおいて一貫しており、『女子師範学校手工教科書』（1934年, 119ページ）、すなわち、女子用手工のための検定教科書においても、この点は全く同一の内容になっていた[55]。

　次に、第2の、「工業の趣味を養ふこと」について、『改訂増補　手工科教材及教授法』（1927年）では、「国民一般の工業に関する智識技能」の普及は、「国運の振興し、産業経済の充実を緊要とする我が国に於ては、最も必要のこと」と述べられている。そして、手工科で各種の材料や工具を用いての物品製作を「工業練習と見做」し、これを通して、「国民の工業に対する常識を進め、工業の趣味を向上せしむることに努むべき」と述べられている[56]。すなわち、ここでは、国民の工業に関する知識や技能を普及させることは、国家の産業経済を

発達させるうえで重要であり、そのためには、「工業練習」である手工科での物品製作を通して、工業に対する常識と趣味を向上させるべきとされている。

　すなわち、手工科の第２の目的は、「工業に対する常識と趣味の向上」におかれた。

　そのため、同書では、「手工科教材の選択」において、手工科の教材を選択する基準の１つに「工業常識を養ふに適するもの」があげられている。そして、ここでは、「社会の工業を理解し得べき常識を与へ、工業の趣味を養はしむるには、多少製作以外に範囲を広げて、特に工業上必須の事項を授くるがよい」ことから、製図の教授の時には、「実地に製作するものを画かしめるのみならず、幾分それよりも程度の高い器物・簡易機械の見取図・設計図・家屋の間取図の類を画かしめ」とされ、電車や風車の製図がとりあげられている[57]。

　また、動力機械の使用をめぐっては、「普通の機械工場に於て使用する便利な機械、即ち旋盤・機械鋸・揉錐機・刃物研磨機の如き一般的なものは、成るべくこれを備へて、日新なる機械の用法・効力等を実地に知らしめ」と述べられ、最新の機械を導入して使用させ、その用法や効力などについて理解させるべきとされていた[58]。

　さらに、製作だけでなく、「常に各種の工業材料・工芸品・機械雛形の類を観察せしめ、或は時に工業学校・機械工場・物産陳列場等に児童を伴ひ、これを参観せしめて、適宜の指導を与ふる」とされ、工場見学等を行う必要性についても述べられていた[59]。

　つまり、ここでの「工業の趣味を養ふ」とは、手工科を通して、実際の工業の現場やその成果等に子どもたちを導きながら、現代工業に関する基本的な知識や技能を獲得させ、もって、国民すべての「工業に対する常識と趣味の向上」を図ることを意味した。そこには、国運の振興や産業経済の充実というねらいは掲げつつも、手工科では、それを直接に目指すのではなく、あくまでも国民の「工業に対する常識と趣味の向上」をもって、いいかえるならば、工業に関する国民の教養を高めることをもって対応するという、普通教育の思想を底流にみてとることも不可能ではないと考えられる。

　さらに、第３の、「勤労を好む習慣を養ふこと」について、『改訂増補　手工

科教材及教授法』（1927 年）では、「小学校に学べる児童の十中八九は、他日
実業の社界に入り、身体を労して生活せねばならぬ運命を持つて居る。而して
実業の社界に身を処するに於て、勤労は非常に必要である。加之、勤労は個人
活動の源泉で、国民の何れの階級にも必要である。かく勤労は、勤労それ自身
が必要なるのみならず、独立・堅忍・自為等、人生生活上欠くべからざる諸徳
を伴ふものなるが故である」と述べられている[60]。

　そして、手工科は、「1. 児童の好む所に従つてこれを導くこと、2. 身体運
動と心的作用とを協同一致せしむること、3. 児童に或る程度までの自由を与
え、自ら進んで之を反復実行せしむること等」を実施するのに最も適した教科
であるとし、故に、手工科は、勤労を好む習慣を養うことができるし、養うべ
きであるとされている[61]。

　すなわち、大部分の子どもたちは、将来実業の世界に入り、肉体的な勤労に
従事し生活しなければならない。また、国民一般にとっても、勤労は生きるた
めには不可避的に必要である。同時に、勤労は、そのなかで、独立、堅忍、自
主・独行など生きていく上で必要な性格の形成をもたらす。したがって、手工
科では、子どもたちの好む物品を、手と頭の活動を結びつけながら製作し、ま
た、そうした活動を反復することを通して、実践的な技能を必要とする肉体的
な勤労への積極的な構えを養い、併せて、生きていく上で大切な独立、堅忍、
自主・独行などの性格を形成することができるし、行うべきだとされている。

　このように、ここでの「勤労を好む習慣」とは、いわゆる封建的な意味での
勤労愛好の精神とは異なり、個人の自主・独行や独立を強調したものであると
みることができる。

　また、第 1 節や第 2 節でみた実習の内容およびその教授法は、上で引用し
た 3 つの視点、すなわち、①子どもが好むものを、②手と頭の活動を結びつ
けるかたちで、③一定の自由を与えつつ反復練習させる、という視点からも意
味づけられ、位置づけられていたことも見過ごされてはならないであろう。

　そして、こうした意味と位置づけでの「勤労を好む習慣を養ふ」を、手工科
の目的の 1 つにする点もまた、1927（昭和 2）年から 1934（昭和 9）年まで
の 4 種の師範学校用手工科検定教科書すべてに一貫していた[62]。

　以上のように、師範学校手工科用検定教科書における手工科の教育目的論は、工業部門に関する技術について、子どもの興味ある物品を、手と頭の活動を結びつけ、一定の自由度を与えつつ反復練習させる製作実習を通して学ばせることにより、構想・計画・立案・段取りなどの「創作力」を第一義に位置づけた「物品製作の能を養」い、工業に対する常識と趣味を向上させ、技能が必要な肉体的な労働への適切な構えと個人の自立に関わる性格の形成を促すことを基本にするものであったといえる。

　こうした目的的価値課題の脈絡において、手工科の実習の内容および教授法を意味づけ評価しなければならない。

第4節　小括

　師範学校手工科用検定教科書は、第Ⅱ期（1907年〜1924年）から執筆されるようになり、第Ⅱ期においては2種、第Ⅲ期（1925年〜1942年）においては8種の教科書が執筆された。そして、これらの教科書においては、①「竹細工」、「木工」、「金工」、「粘土細工」、「石膏細工」、「コンクリート工」、「手芸」の、「細工」と称する各分野の学習内容、②「手工科教授の目的」や「手工科教材の選択」、「手工科教材の排列」、「手工科教授の方法」などの「手工（科）教授法」、さらに、③前記①でとりあげられた「細工」とは別個に、「糸細工」、「豆細工」、「紙細工」などの主として尋常小学校の低学年段階で行う分野について述べられた「小学校に於ける手工教材」、について述べられていた。

　そして、こうした各分野の内容とその教授法について分析すると、師範学校手工科用検定教科書における実習の内容と教授法の特徴は、次のようにまとめられる。

　師範学校手工科用検定教科書における実習の内容は、「木工」と「金工」に加えて、「竹細工」や「コンクリート（セメント）工」、さらには、「粘土細工」および「石膏細工」にまで及ぶ広範な分野にわたっていたばかりでなく、とりわけ、「木工」と「金工」においては、道具ばかりでなく、工作機械に関するしくみと原理ならびに操作法が、その内容として課されていた。そして、各分

野の内容においても、材料の学習、道具および機械の学習、さらには、加工法の学習にわたり、多様な事項が課されていた。

　また、師範学校手工科用検定教科書における実習の教授法は、「粘土細工」にみられるように、物品法によって技能の教授を行っている分野もあるものの、これはむしろ少なく、１つには、「金工」、「竹細工」、「コンクリート工」、「石膏細工」などにみられるような、いくつかの基本的な作業について練習させた後、それらの作業のいくつかを組み合わせてできる製品を製作させることを通して、技能を意図的・系統的に身につけさせようとする方法や、いま１つには、「木工」にみられるような、２、３の基本的な作業の練習をした後、その作業を含む製品の製作を行い、次にまた新たな２、３の作業を練習し、今度は、それまでに練習した作業の全部ないし大半を含む製品を製作し、これを段階的に繰り返すことを通して、技能を意図的・系統的・効果的に身につけさせようとする方法がとられていた。

　加えて、これらの教授法での製品の製作は、生徒に製作図のみを提示し、これにそってそれまでに練習してきた作業や加工法などをふりかえらせ、製作の手順や段取りを生徒自身が考えながら行うという方法がとられていた。

　さらに、師範学校手工科用検定教科書における手工科教育の目的論は、「物品製作の能を養ふ」ことを「手工科教授の主体」であるとし、そのための「一大任務」として「創作力の養成」を強調していた。ここで論じられている「創作力の養成」とは、社会の工業化に対応しそれを促すためには身につけさせなければならない構想・計画・立案・段取りなど工業における創意的・構成的能力の育成を意味しており、こうした意味での「創作力の養成」が、手工科の主体である「物品製作の能を養ふ」ことにとって第一義的なものとして重要視されていた。

　また同時に、「物品製作の能を養ふ」ことは「工業練習」と見なされており、現代工業に関する基本的な技能と知識を与え、また、工場見学等により実際の工業の現場に触れさせることにより、「工業に対する常識と趣味」の向上を図ることも重要視されていた。

　さらに、「勤労は個人活動の源泉である」とされ、手工科を通して、労働の

価値とりわけ実践的技能を必要とする肉体的な労働の価値について学ばせ、併せて、個人の自主・独行など、個人の自立に必要な性格を形成することもまた、重要視されていた。

　師範学校手工科用検定教科書におけるこうした実習の内容と教授法および手工科教育理論での手工科目的論は、まさに工業分野の技術を学ばせ、労働の価値や労働の世界を理解させるための手ほどきであったといえる。

　そして、東京高等師範学校図画手工専修科での手工科担当師範学校教員の養成は、少なくとも、こうした師範学校手工科用教科書にある内容を師範学校において教えることのできる教員の養成が目指されていたと考えることができる。

　したがって、そこでの手工科担当師範学校教員の養成の実際は、工業分野の技術を学ばせ、労働の価値や労働の世界を理解させるための手ほどきを与えるという文脈において、一方では、実習の内容の点で、「木工」、「金工」から「竹細工」、「コンクリート工」、「粘土細工」、「石膏細工」までにわたる広範な分野について、各分野に関わる材料の特性と用途、道具類のしくみと原理ならびに操作法、および、加工法などのそれぞれの事項を、しかも、「木工」と「金工」においては、道具ばかりでなく工作機械を含んだ内容に精通させることが図られるとともに、他方では、実習の教授法の点で、実際の製品の製作に必要な作業とそれに関わる知識を、製作過程の分析にもとづいて抽出し、それらを系統的に排列しつつ、生徒の興味関心を考慮して総合し、再度、授業のなかで教材として、製作するべき製品に構成することに精通させることが図られた、と推定することには根拠がある。

　東京高等師範学校図画手工専修科における手工科担当師範学校教員の養成の営みの内容的特徴は、まさにこの点に求めることができるといえる。

注
1)　坂口謙一「戦前わが国諸学校における『実業教科』の検定教科書一覧—1940年代初頭までの手工科、工業科、商業科系、実業科（商業）教科書—」『技術教育学研究』第8号、1993年3月、pp.149-181。

2）岡山秀吉著『師範教育手工教科書』金港堂、1907年。

3）上原六四郎、岡山秀吉、阿部七五三吉『師範学校手工教科書』前・後篇、実業教科研究組
　合、1908年。

4）岡山秀吉、前掲2）、序pp.1-2。

5）岡山秀吉著『普通木工教科書』金港堂、1897年。

6）岡山秀吉、前掲2）、凡例p.1。

7）上原六四郎、岡山秀吉、阿部七五三吉、前掲3）、序言p.1。

8）岡山秀吉著『改訂増補　手工科教材及教授法』宝文館、1927年。

9）岡山秀吉、阿部七五三吉、伊藤信一郎著『新手工教科書』上・下巻、培風館、1928年。

10）岡山秀吉、前掲8）、改版の序。

11）岡山秀吉著『手工科教材及教授法』宝文館、1909年。

12）同上書、改版の序。

13）岡山秀吉、阿部七五三吉、伊藤信一郎、前掲9）、序p.1。

14）岡山秀吉、阿部七五三吉、伊藤信一郎著『改訂　新手工教科書』上・下巻、培風館、1933
　年。

15）岡山秀吉、阿部七五三吉、伊藤信一郎『女子師範学校手工教科書』上・下巻、培風館、
　1934年。

16）前掲書、凡例p.1。

17）阿部七五三吉、山形寛、松原郁二著『師範学校二部用　新手工教科書』培風館、1938年。

18）阿部七五三吉、山形寛、松原郁二著『師範学校二部用　新手工教科書』培風館、1942年。

19）岡山秀吉、阿部七五三吉、伊藤信一郎著『女子師範学校手工教科書』上・下巻、培風館、
　1942年。

20）岡山秀吉、阿部七五三吉、伊藤信一郎著『改訂　新手工教科書』上・下巻、培風館、1942
　年。

21）『改訂増補　手工科教材及教授法』（1927年）においては、「棒排べ」、「豆細工」、「紙細工」、
　「糸細工」など、尋常小学校の低学年段階で行われていた「細工」の内容も、「竹細工」、「木工」、
　「金工」などの「細工」と同様にとりあげられている。

22）上原六四郎、岡山秀吉、阿部七五三吉、前掲3）、前篇、pp.31-32。

23）岡山秀吉、阿部七五三吉、伊藤信一郎、前掲9）、上巻、p.201。

24）同上書、p.272。

25）岡山秀吉、阿部七五三吉、伊藤信一郎、前掲9）、下巻、p.195。

26）岡山秀吉、阿部七五三吉、伊藤信一郎、前掲9）、上巻、p.14。

27）同上。

28）同上書、pp.13-14。

29）岡山秀吉、阿部七五三吉、伊藤信一郎、前掲14）、上巻、pp.65-66。

30）同上書、p.66。

31）同上。

32）同上書、p.62。

33）同上。

34）同上。

35）同上書、p.63。

36）同上書、p.68。

37）同上。

38）岡山秀吉、阿部七五三吉、伊藤信一郎、前掲9）、上巻、p.39。

39）同上書、p.40。

40）同上書、p.41。

41）同上書、p.63。

42）同上。

43）同上書、p.64。

44）上原六四郎、岡山秀吉、阿部七五三吉、前掲3）、前篇、p.15。

45）同上書、p.57。

46）同上書、p.71。

47）阿部七五三吉、山形寛、松原郁二、前掲18）、p.8。

48）岡山秀吉、阿部七五三吉、伊藤信一郎、前掲9）、下巻、p.237。

49）1942（昭和17）年の『師範学校二部用　新手工教科書』、『女子師範学校手工教科書』、『改訂　新手工教科書』の3冊も、内容的には共通しているけれども、これらの検定教科書は、芸能科工作用として、芸能科教育の目的論が展開されたものであった。

50）岡山秀吉、前掲8）、p.192。また、これと同様の記述が、『新手工教科書』（1928年）下巻、p.107／『改訂　新手工教科書』（1933年）下巻、p.86／『女子師範学校手工教科書』（1934年）下巻、p.119にもある。

51）同上書、p.199。また、これと同様の記述が『新手工教科書』（1928年）下巻、p.113／『改訂　新手工教科書』（1933年）下巻、p.92／『女子師範学校手工教科書』（1934年）下巻、p.125ページにもある。

52）同上書、p.192。また、これと同様の記述が『新手工教科書』（1928年）下巻、p.107／『改訂　新手工教科書』（1933年）下巻、p.86／『女子師範学校手工教科書』（1934年）下巻、p.119にもある。

53）井上正作「石野隆の手工教育論」『福岡教育大学紀要』第34号第5分冊、1984年、pp.113-122。

54）阿部七五三吉、山形寛、松原郁二、前掲18）、p.233。

55）ただし、岡山が共著者からぬけた後の『師範学校二部用　新手工教科書』（1938年）では、

「物品製作能力の養成」を第1にあげるものの、「創作力の養成」にとりたてては言及していない。変化の兆しが垣間見られることには留意しておきたい。

56) 岡山秀吉、前掲8)、pp.194-195。また、同様の記述が、『新手工教科書』（1928年）下巻、p.109／『改訂　新手工教科書』（1933年）下巻、p.88／『女子師範学校手工教科書』（1934年）下巻、p.121ページにもある。

57) 同上書、p.202。また、同様の記述が、『新手工教科書』（1928年）下巻、p.116／『改訂　新手工教科書』（1933年）下巻、p.94／『女子師範学校手工教科書』（1934年）下巻、p.127にもある。

58) 同上。

59) 同上。

60) 同上書、p.195。また、同様の記述が、『新手工教科書』（1928年）下巻、p.110／『改訂　新手工教科書』（1933年）下巻、p.89／『女子師範学校手工教科書』（1934年）下巻、p.122にもある。

61) 同上書、p.196。また、同様の記述が、『新手工教科書』（1928年）下巻、p.110／『改訂　新手工教科書』（1933年）下巻、p.89／『女子師範学校手工教科書』（1934年）下巻、p.122ページにもある。

62) ただし、『師範学校二部用　新手工教科書』（1938年）では、この点における個人の自立の面が後退していると考えられ、一定の変質が認められる。

終 章

手工科担当師範学校教員の養成における東京
高等師範学校図画手工専修科の役割と意義

　本研究では、戦前日本の手工科担当師範学校教員の養成における東京高等師範学校図画手工専修科の役割と技術教育教員養成史上の意義を解明するため、①手工科担当師範学校教員の養成において東京高等師範学校が果たした量的役割、②東京高等師範学校図画手工専修科における教員養成の営みの特質、についての分析を行った。

　東京高等師範学校図画手工専修科の量的役割については、まず第1章において、手工科教員免許状の取得者数について、直接養成機関の卒業生数と手工科の試験検定および無試験検定の出願者数や合格者数の推移を分析した。

　その結果、師範学校の学科課程に手工科が設置された1886（明治19）年から1941（昭和16）年の間に、師範学校の手工科教員免許状を取得した者は少なくとも1,488名おり、そのうち直接養成によるものが892名、間接養成によるものが596名で、教員免許状取得者のうち6割が直接養成によるものであった。

　また、直接養成機関のうちによる教員免許状取得者892名のうち、東京美術学校図画師範科卒業生は605名、東京高等師範学校図画手工専修科卒業生は245名であり、これら2つの養成機関の卒業生が特段に多かった。

　さらに、1910年代の終わりから拡大したとされる無試験検定の指定学校や許可学校が、手工科の場合には、1933（昭和8）年に東京美術学校の彫刻科と工芸科の一部が指定学校に認可されるまで無く、間接養成による教員免許状取得者596名のうち、試験検定合格者は387名、無試験検定合格者は209名と、試験検定と無試験検定による教員免許状取得者数は、ほぼ同数であった。

　これらの点から、戦前の師範学校、中学校、高等女学校教員の養成を全体的

にみた場合、教員免許状取得者の6割以上が間接養成によるもので、なかでも無試験検定合格者が特段に多かったとされているけれども、手工科担当師範学校教員の養成の場合、それとは全く対照的で、教員免許状取得という量的な面においては、直接養成の比重が他の方式に比べて相対的に高く、しかも、東京美術学校図画師範科と東京高等師範学校図画手工専修科の2つの養成機関が果たした役割が特段に高かったとみることができた。

　次に、第2章および第3章では、こうした手工科の教員免許状取得という量的な面において大きな役割を果たしていた東京美術学校図画師範科および東京高等師範学校図画手工専修科に着目し、それらの手工科担当師範学校教員の供給状況について、卒業生の勤務先と師範学校、中学校、高等女学校に勤務していた卒業生の担当学科目を分析した。

　その結果、東京美術学校図画師範科卒業生については、1926（大正15）年から1938（昭和13）年にかけて、毎年60名から70名の卒業生が師範学校または女子師範学校に勤務し、その9割以上の者が図画科を担当していた。

　また、第1期卒業生から第13期卒業生の計236名のうち182名（77%）が中学校や高等女学校に勤務し、そのすべての者が図画科を担当していた。

　これに対して、師範学校で手工科を担当した者は、第1期卒業生から第13期卒業生の計236名のうち17名（うち手工科のみを担当していたのは2名のみ）しかおらず、しかも、その担当期間もある年度のみ、もしくは短い期間であった。

　また、1910（明治43）年から1919（大正8）年までは、師範学校で手工科を担当する卒業生は1名しかおらず、それ以降も、最も多くて1922（大正11）年の17名で、全手工科担当師範学校教員の16%にすぎなかった。

　他方で、東京高等師範学校図画手工専修科卒業生は、文部省や文部大臣からの「指定」で卒業生の多くが初職として師範学校に勤務したこともあり、全卒業生の5割以上の者が師範学校に勤務していた。

　また、1912（大正2）年から1937（昭和12）年までの四半世紀の間、毎年40名から50名の卒業生が師範学校に勤務し、そのほとんどの者が手工科を担当していた。これは、例えば1922（大正11）年の全手工科担当師範学校教員

の 36％にあたり、同年の全国の師範学校のうちの 4 割の学校に卒業生が勤務していたことになり、注目に値する事実であった。

これらの点から、東京美術学校図画師範科は、教員免許状取得という面においては、相当程度大きな役割を果たしていたけれども、少なくとも 1919（大正 8）年までは、手工科担当師範学校教員の供給という点では、事実としてほとんど機能しておらず、そこで担っていた役割は、師範学校、中学校、高等女学校で図画科を担当する教員の供給が中心であったとみることができた。

また、これに対して、東京高等師範学校図画手工専修科は、手工科担当師範学校教員の養成にとって、事実においても、量的に相当程度大きな役割を果たしていたとみることができた。

そして、以上の事実を総合するならば、戦前日本の手工科担当師範学校教員の供給は、実態としては、東京高等師範学校図画手工専修科を中心に行われていたと結論づけることができ、それゆえに手工科担当師範学校教員の養成の営みの解明には、東京高等師範学校図画手工専修科における教員養成の営みについて分析することが、最重要であると考えられた。

こうしたことから、第 4 章では、東京高等師範学校図画手工専修科における教員養成について、①教員構成、②学科課程、の 2 側面から分析した。

その結果、東京高等師範学校図画手工専修科において手工科を担当する教員および図画科に関する授業を担当する教員は、第Ⅰ期（1886 年～ 1906 年）には 7 ないし 8 名、第Ⅱ期（1907 年～ 1925 年）には 7 ないし 13 名、第Ⅲ期（1926 年～ 1942 年）には 11 ないし 18 名いた。これは、同専修科が臨時的に設置される学科で、毎年生徒を募集していなかったことから、全部で 20 名前後にすぎない生徒を対象にして 7 ないし 18 名の教員スタッフで養成教育が行われていたことになる。しかも、これらの教員のなかで、手工科教育の中心的役割を担っていた上原六四郎、岡山秀吉、阿部七五三吉、および図画科教育の中心的役割を担っていた白浜徹、小山正太郎、板倉賛治は、いずれも当時の手工科教育や図画科教育の振興・発展に大きな役割を担っていたとされる著名な人物であった。

また、これら教員のなかには、図画手工専修科という教育組織の責任者であ

り、事実上、同専修科の代表者の役割を果たしていた「学級主任」と称する
ポストがおかれており、第Ⅰ期（1886年〜1906年）から第Ⅲ期（1926年〜
1942年）の1934（昭和9）年まで、手工科担当教授であった上原、岡山、阿
部が就いていた。

　さらに、図画手工専修科の手工科教育担当の教授には、上原、岡山、阿部、
伊藤信一郎が存在したが、これらのうち、上原をのぞく、岡山、阿部、伊藤
は、ともに東京高等師範学校に着任当初、同校附属小学校の「訓導」または附
属中学校の「教諭」の職を兼ね、附属学校での手工科の教育実践にも携わって
いた。

　他方で、図画手工専修科の学科課程では、手工科および図画科に配当される
教授時間の合計が、第Ⅰ期（1886年〜1906年）から第Ⅲ期（1926年〜1942
年）まで共通して、各学年の全学科目の週当たりの合計教授時間数の50％以
上にあたる20時間以上にのぼっていた。

　また、手工科だけは、教授時間数が「講義」と「実習」の時間数に明確に区
分され、「講義」の教授時間2時間に対して、「実習」には10から12時間の
教授時間が充てられていた。

　さらに、第Ⅰ期（1886年〜1906年）から第Ⅲ期（1926年〜1942年）ま
で一貫して、すべての生徒が学ぶ必須の学科目として、数学と物理が学科課程
の中に位置づけられるとともに、最終学年の第3学期には「実地授業」また
は「授業練習」と称する教育実習が組み込まれ、1月初旬から3月末のほぼ3
か月にわたって附属学校において教育実習を行うことが義務づけられていた。

　これらの点から、東京高等師範学校図画手工専修科における手工科担当師
範学校教員の養成は、手工科教育の「開祖として仰ぐべき先覚者」[1]とされる
上原六四郎、「手工教育の確立者」[2]とされる岡山秀吉、さらに上原や岡山の
教え子である手工専修科第1期卒業生で「手工教育の志士」[3]とされる阿部
七五三吉を中心とし、手工科と図画科の担当を合わせると10名以上（うち、
約半数は手工科担当）の教員スタッフによって、20名程度にすぎない生徒を
対象にして養成教育が行われており、教員養成の人的条件という点で、充実し
た教育環境のもとで営まれていたとみることができた。

　他方、学科課程においては、全学科目のなかでも手工科と図画科、とりわけ手工科に多くの教授時間数が配当され、手工科教育に比重がおかれていたとみることができた。

　また、手工科は、教授時間数の大半を実習に充てられ、実習を中心に行われていたとみられた。

　さらに、約3か月にわたる教育実習や数学および物理の教育が、一貫して必須の内容として位置づけられており、これらが手工科担当師範学校教員になるために欠かせない必須のものとして重視されていたと考えられた。

　そして、こうした学科課程の編成は、附属学校での手工科実践の経験を通して練られていたものであったと考えられた。

　これらのことを念頭におき、第5章では、東京高等師範学校図画手工専修科における手工科教育の質的特徴について、上原、岡山、阿部が執筆担当した師範学校手工科用検定教科書における実習の内容と教授法および手工科教育論について分析し、そこから推定できる東京高等師範学校図画手工専修科における教員養成の内容についての考察を行った。

　その結果、師範学校手工科用検定教科書における実習の内容と教授法および手工科教育理論での手工科目的論は、まさに工業分野の技術を学ばせ、労働の価値や労働の世界を理解させるための手ほどきであったとみることができた。

　実習の内容は、「木工」と「金工」に加えて、「竹細工」や「コンクリート（セメント）工」、さらには、「粘土細工」および「石膏細工」にまで及ぶ広範な分野にわたっていたばかりでなく、とりわけ「木工」と「金工」においては、道具ばかりでなく、工作機械に関するしくみと原理ならびに操作法が、その内容として課されていた。そして、各分野の内容においても、材料の学習、道具および機械の学習、さらには加工法の学習にわたり、多様な事項が課されていた。

　また、実習の教授法は、「粘土細工」にみられるように、物品法によって技能の教授を行っている分野もあるものの、これはむしろ少なく、1つには、「金工」、「竹細工」、「コンクリート（セメント）工」、「石膏細工」などにみられるような、いくつかの基本的な作業について練習させた後、それらの作業のいく

つかを組み合わせてできる製品を製作させることを通して、技能を意図的・系統的に身につけさせようとする方法や、いま1つには、「木工」にみられるような、2、3の基本的な作業の練習をした後、その作業を含む製品の製作を行い、次にまた新たな2、3の作業を練習し、今度は、それまでに練習した作業の全部ないし大半を含む製品を製作し、これを段階的に繰り返すことを通して、技能を意図的・系統的・効果的に身につけさせようとする方法がとられていた。

　加えて、これらの教授法での製品の製作は、生徒に製作図のみを提示し、これにそって、それまでに練習してきた作業や加工法などをふり返らせ、製作の手順や段取りを生徒自身が考えながら行うという方法がとられていた。

　さらに、手工科教育の目的論は、「物品製作の能を養ふ」ことを「手工科教授の主体」であるとし、そのための「一大任務」として「創作力の養成」を強調していた。ここで論じられている「創作力の養成」とは、社会の工業化に対応しそれを促すためには身につけさせなければならない構想・計画・立案・段取りなど工業における創意的・構成的能力の育成を意味しており、こうした意味での「創作力の養成」が、手工科の主体である「物品製作の能を養ふ」ことにとって第一義的なものとして重要視されていた。

　また同時に、「物品製作の能を養ふ」ことは「工業練習」と見なされており、現代工業に関する基本的な技能と知識を与え、また、工場見学等により実際の工業の現場に触れさせることにより、「工業に対する常識と趣味の向上」を図ることも重要視されていた。

　さらに、「勤労は個人活動の源泉である」とされ、手工科を通して、労働の価値とりわけ実践的技能を必要とする肉体的な労働の価値について学ばせ、併せて、個人の自主・独行など、個人の自立に必要な性格を形成することもまた、重要視されていた。

　そして、東京高等師範学校図画手工専修科では、少なくとも、こうした師範学校手工用教科書にある内容を師範学校において教えることのできるの手工科担当師範学校教員の養成が目指されていたと考えることができる。

　このことから、東京高等師範学校図画手工専修科における手工科担当師範学校教員の養成の内容的特徴は、工業分野の技術を学ばせ、労働の価値や労働の

世界を理解させるための手ほどきを与えるという文脈において、一方では、実習の内容の点で、「木工」、「金工」から「竹細工」、「コンクリート工」、「粘土細工」、「石膏細工」までにわたる広範な分野について、各分野に関わる材料の特性と用途、道具類のしくみと原理ならびに操作法、および、加工法などのそれぞれに事項を、しかも、「木工」と「金工」においては、道具ばかりでなく工作機械を含んだ内容に精通させることが図られるとともに、他方では、実習の教授法の点で、実際の製品の製作に必要な作業とそれに関わる知識を、製作過程の分析にもとづいて抽出し、それらを系統的に排列しつつ、生徒の興味関心を考慮して総合し、再度、授業のなかで教材として製作するべき製品に構成することに精通させることが図られたことにあったと推定できた。

　以上をふまえ、戦前日本の手工科担当師範学校教員の養成における東京高等師範学校図画手工専修科の役割と意義について総括するならば、まずその量的役割の大きさが指摘できる。

　教員免許状取得という点についてみると、手工科の場合、手工科教員免許状取得者のうちの6割以上が直接養成によるものであり、直接養成の比重が試験検定や無試験検定による間接養成よりも相対的に高かった。しかも、直接養成機関のうち、東京美術学校図画師範科と東京高等師範学校図画手工専修科の果たした量的役割が特段に高かった。

　しかし、東京美術学校図画師範科卒業生の多くは、師範学校、中学校、高等女学校の図画科教員として勤務し、師範学校で手工科を担当した者は少なかった。

　これに対して、東京高等師範学校図画手工専修科の卒業生は、毎年40名から50名の者が師範学校に勤務し、そのほとんどが手工科担当であった。そして、1922（大正11）年には、全手工科担当師範学校教員の36％が、東京高等師範学校図画手工専修科卒業生で占めることになった。

　こうした点から、東京高等師範学校図画手工専修科は、手工科担当師範学校教員を養成し、供給するという量的役割を相当程度果たしていたといえる。

　他方、こうした量的に大きな役割を果たしていた東京高等師範学校図画手工

専修科の役割と意義は、こうした量的な役割ばかりでなく、養成教育の質的特徴においてもとらえることができる。

東京高等師範学校図画手工専修科では、手工教育界の第一人者である岡山秀吉をはじめとする上原六四郎、阿部七五三吉といった手工科教育を代表する人物を中心に、10 名以上の教授スタッフが全部でも 20 名程度にすぎない生徒を対象にして、充実し恵まれた教育環境のもとで教員養成を行っていた。

また、同専修科では、附属学校での実践の裏付けによって、全学科目のうち手工科と図画科、そのなかでも手工科を中心として、実習にその大半を費やしつつ、半面で、数学と物理を重く位置づけた工作・技術教育を基調とした学科課程が編成されていた。

さらに、手工科の実習では、工業分野の技術を学ばせ、労働の価値や労働の世界を理解させるための手ほどきを与えるという文脈において、一方で、「木工」「金工」から「コンクリート工」や「石膏細工」などに至る広範な分野にわたって、道具ばかりでなく工作機械を含むなど多面的な作業と知識に精通させることが図られるとともに、他方では、実際の製品の製作過程の分析に基づき教えるべき作業と知識を選択・排列し、かつ、生徒の興味関心を考慮しつつそれらを総合して、教材として製作すべき製品に構成することに精通させることが図られた。

加えて、最終学年には約 3 か月という長期にわたる教育実習を課し、平素の授業で身につけた内容を教育実践で試み、手工科担当師範学校教員としての実践的指導力を高めることも図られていた。

すなわち、明治以来の日本の学校教育は、普通教育としての技術教育の 1 つであった小学校手工科を戦後の技術教育以上に重く位置づけ、また、そうした教育を担う小学校教員の養成、さらには、小学校教員養成を担う師範学校教員の養成を、19 世紀という比較的早い時期から、全国規模で制度化を図った等の点で、国際的にも先駆的であった。そして、この頂点に位置づいていたのが、東京高等師範学校図画手工専修科であり、同専修科では、①手工科教育界の中心人物であった上原六四郎、岡山秀吉、阿部七五三吉を中心に、人的に充実した教育環境のもとに、②附属学校での実践の裏付けによって編成した手工

科を中心として実習を重視しつつ、数学・物理をも重く位置づけた学科課程によって、③広範な分野の技能および知識を習得させるだけでなく、教材を編成し得る力量の形成が図られるとともに、④教育実習を通して手工科担当師範学校教員としての実践的指導力を育成することが目指されていたといえる。

見方をかえれば、戦後の普通教育としての技術教育以上に重く位置づけられていた戦前の小学校手工科教育、および国際的にみても先駆的であった師範学校における手工科教育の地歩の基盤には、このような充実した教育環境の下で、広範な分野の技能や知識の習得だけでなく教材編成力や実践的指導力の育成までをも目指した東京高等師範学校図画手工専修科における教員養成担当者の養成の営みがあったとみることができ、こうした同専修科における教員養成担当者養成教育の営みは、日本の教員養成担当者の養成のあり方を考えるうえで重要な示唆を与えるものといえる。

注
1) 唐澤富太郎編著『図説　教育人物事典　—日本教育史のなかの教育者群像—』中巻、ぎょうせい、1984 年、p.861。
2) 佐々木享「手工教育の確立者・岡山秀吉の前半生」『専修自然科学研究会会報』No. 20、1976 年、p.15。
3) 唐澤富太郎編著、前掲 1)、p.870。

あとがき

　本書は、私にとって最初の単著であり、大学学部時代から20年以上にわたって行ってきた研究成果をまとめたものである。当初は、40歳までに研究成果を一書にまとめたいと考えていたけれども、博士論文をまとめてからすでに10年以上が経過しており、私の年齢も疾うに40歳を過ぎている。わずか7章をまとめるには時間がかかりすぎてしまった。これは、ひとえに私の力量不足によるものといわざるを得ない。大いに反省しているところである。

　また、こうして私の研究成果をまとめてみると、想像していたようなうれしさや安心感はまったくなく、教員養成の研究者や技術教育の研究者の方々に納得していただける研究成果が提示できたか不安で仕方ない。すべては読者のご判断に委ねたい。

　さて、本書をまとめるにあたっては、多くの方々にお世話になった。

　まず誰よりも先に感謝の気持ちを捧げなければならないのは、大学学部から大学院博士課程まで一貫して、時には厳しく、また時には温かく、懇切丁寧にご指導いただいた田中喜美先生（東京学芸大学名誉教授）に対してである。

　私は、田中先生の数多き指導生の中でも、最も長く、そして深くご指導いただいた1人であるが、先生にとって決して優秀な指導生であったとはいえない。博士課程在学中、先生は、口癖のように「3年間で博士論文をまとめあげる指導をすることが夢だ」とお話しになり、早朝や深夜にもかかわらず、あたたかいご指導をしていただいた。私もそのご期待にこたえるべく3年間で論文をまとめたが、最終的には、私の力不足が露呈し、最終審査会で不合格という判定になってしまった。また、博士課程を修了してからの先生は「早く博士論文をまとめて出版するように」が口癖になったが、それもなかなか実現できず、長い間大変なご心配をおかけすることになった。ただ、小さい頃から大学まで野球に明け暮れ、高校時代は真剣に勉学に向き合った記憶がない私が、現在大学教員として、学生を指導している（できている）のは、先生が教育学研

究の奥深さを基礎から丁寧にかつ根気強く教えてくださり、先生の近くで社会人としての基本的な心得や大学教員としてあり方などを学ばせていただいたおかげであると思っている。私にとっては、田中先生は私の人生を変えた、かけがえのない恩師である。この場を借りてあらためてお礼を申し上げたい。

また、大学院博士課程の副指導教官であった矢田茂樹先生（横浜国立大学名誉教授）および新井淑子先生（埼玉大学名誉教授）にも感謝申し上げたい。

矢田先生は、先生のご専門である「木工」などの授業内容についての指導をいただいた。

新井先生は、私の弱点であった手工科教育の特徴と社会的な背景との関係をいつも問うてくださり、先生の教えは、私の研究の視野を広げるうえで、たいへん貴重なものになった。

両先生のご指導は、一言でいうならば、温かく、勇気づけられるものであり、私の精神的な支えとなった。

さらに、東京学芸大学の技術教育研究室で田中先生と一緒に所属学生のご指導にあたっていただいた坂口謙一先生（東京学芸大学教授）と川村侑先生（元東京学芸大学助教授）、および東京学芸大学の技術教育研究室で共に切磋琢磨した丸山剛史先生（宇都宮大学教授）、平舘善明先生（帯広畜産大学准教授）、木下龍先生（千葉大学准教授）にも格別の謝辞を述べなければならない。

坂口先生には、技術教育教員養成史研究の方法や論理構成、さらには私の稚拙な文章について細かな点まで多くのご指導をいただくとともに、博士論文執筆の際には、研究会などで私に研究発表の機会を与えていただいた。

川村先生には、岡山秀吉や阿部七五三吉の手工科教育理論についてご指導いただくとともに、『手工研究』という貴重な資料を提供していただいた。

丸山先生は、研究室の尊敬する先輩のおひとりである。地元が同じということもあり、歴史研究の要の１つとなる資料収集の方法などについて丁寧に教えていただいたり、研究のことで様々な相談にのっていただいた。本当に頼りになる良き先輩で、見習わなくてはならない点が多かった。

平舘先生、木下先生は、年齢が近いこともあり、研究はもちろんのこと、研究以外のことでも様々なことで相談にのっていただいた。後輩にあたるけれど

も、今でも良きライバルであり、尊敬する研究者でもある。

　東京学芸大学に在籍したことで、私は日本技術教育史の分野で著名な研究者である坂口・川村の両先生のご指導も受けることができ、かつ良い仲間に出会うことができた。つくづく私は幸せ者であったと実感している。

　加えて、私が毎日充実した教育・研究活動を行いながら、こうして本書の原稿をまとめることができたのも、現在勤務する大阪工業大学の井上晋学長、および教職主任である野村良紀先生や教務課長の田中克佳氏をはじめとする教職教室および教務課の教職員の方々のおかげであることを忘れてはならない。

　本書刊行以降も大阪工業大学の教職課程の運営、そして更なる発展に貢献していくことでこれまでの恩返しとしたいと考える。

　そして、本書の刊行にあたっては、出版事情が厳しいなか、格別のお骨折りをいただいた大学教育出版の佐藤守氏に心からの謝意を表したい。

　その他、研究活動を通して出会った中学校、高等学校、および大学の先生方など、この機会にご芳名をあげて感謝の気持ちを表したい方々は少なくないが、失礼させていただきたい。

　最後に、私事を記すことをお許しいただきたい。

　私は、長期にわたって単身赴任を行い、家族と離れて暮らしているため、家事はもちろん、子どもたちの世話、学校行事への参加など、家庭のことをほとんどすべて妻に任せてしまっている。また、子どもたちには、小さい頃から一緒に生活する時間が少なく、日常的に勉強を見てあげることも、悩みを聞いてあげることもできず、寂しい思いをさせてしまっている（と思う）。

　ただ、たとえ忙しくても、寂しくても、それを表に出さず、私が帰宅した際には、いつも明るく笑顔で出迎えてくれて元気づけてくれる妻や子どもたちには、直接では恥ずかしいため、この場を借りて深謝するとともに、感謝の気持ちを表したい。

　そして、本書の刊行を通して、子どもたちに伝えたい。「努力の大切さ」を。

　また、浜松に住んでいる私の両親にも心からお礼をいいたい。両親は、私が大学を卒業した後には故郷の浜松に帰って中学校の教員になるものと思ってい

たに違いない。しかし、私は突然研究の途を志すと言い出し、大学院に進学して、現在では大学教員として大阪に住んでいる。このような人生になるとは、私自身もそうだが、両親もきっと驚いたであろう。しかし、両親は、これまで私の進もうとする途については、一切反対はせず、理解してくれた。普段は言葉に出して励ましたりすることはないが、何も反対しないで見守ってくれていることが私にとっての大きな励ましになっている。

　さらに、いつも家庭のことや子どもの世話に協力していただいている上越に住んでいる妻の両親、いつも明るく接してくれる姉と義兄にも支えられている。記して感謝する次第である。

　本書をまとめるにあたり、私はこれまですばらしい方々に支えられて研究活動を行っていたことをあらためて実感した。このささやかな成果に安住することなく、これまでお世話になった多くの方々に応えるため、今後も一層の精進を重ねていきたいと考える。

　2022 年 6 月

大阪市旭区　大阪工業大学大宮キャンパスにて

疋田　祥人

初出一覧

　本書は、2004（平成 16）年 3 月、東京学芸大学から博士（教育学）の学位を授けられた時の学位請求論文「戦前日本の手工科担当師範学校教員の養成における東京高等師範学校図画手工専修科の役割と意義」を基に加筆修正を行ったものを再構成している。

　各章の初出は、以下の通りである。

第 1 章　「師範学校手工科教員の養成における直接養成と間接養成」『産業教育学研究』第 29 巻第 2 号、1999 年、pp.36-42

第 2 章　「東京美術学校図画師範科による手工科担当師範学校教員の供給に関する量的分析」『日本教師教育学会年報』第 11 号、2002 年、pp.77-87

第 3 章　「東京高等師範学校図画手工専修科における中等学校教員養成の変容 ― 卒業生の勤務先動向から ― 」『産業教育学研究』第 31 巻第 1 号、2001 年、pp.111-118

第 4 章　「東京高等師範学校図画手工専修科における教員養成の営み ― 学科課程の特徴から ― 」『東京学芸大学紀要　第 6 部門』第 54 集、2002 年、pp.11-19

第 5 章　「師範学校手工科用検定教科書における実習の内容と教授法」『産業教育学研究』第 35 巻第 1 号、2005 年、pp.50-57

人名索引

事項索引

法令索引

■著者紹介

疋田　祥人（ひきだ　よしと）

1975（昭和 50）年 8 月生まれ。静岡県浜名郡可美村（現：浜松市南区）
出身。静岡県立浜松北高等学校を卒業後、東京学芸大学教育学部、
同大学大学院教育学研究科（修士課程）、同連合学校教育学研究科
（博士課程）を卒業・修了。博士（教育学）。フェリス女学院大学や
芝浦工業大学などの非常勤講師、新潟青陵大学短期大学部幼児教育
学科講師、大阪工業大学教職教室講師を経て、現在は大阪工業大学
教職教室准教授。
【著書】『日本と世界の職業教育』（法律文化社、2013 年、堀内達夫
らとの共著）、『技術科教育』（一藝社、2014 年、坂口謙一らとの共
著）、『技術教育の諸相』（学文社、2016 年、田中喜美らとの共著）。

技術教育のための教員養成担当者養成の史的研究
― 東京高等師範学校図画手工専修科の役割と意義 ―

2022 年 11 月 30 日　初版第 1 刷発行

■著　　者──疋田祥人
■発 行 者──佐藤　守
■発 行 所──株式会社 大学教育出版
　　　　　　〒700-0953　岡山市南区西市 855-4
　　　　　　電話(086)244-1268㈹　FAX(086)246-0294
■印刷製本──モリモト印刷㈱
■Ｄ Ｔ Ｐ──林　雅子

ISBN978-4-86692-235-5